LANGES SCHWERT UND SCHWEINESPIESS

ADEVA

Matthias Johannes Bauer

Langes Schwert und Schweinespiess

Die anonyme Fechthandschrift aus den verschütteten Beständen des Historischen Archivs der Stadt Köln

Akademische Druck- u. Verlagsanstalt
Graz/Austria

Besonderer Dank gilt dem Verband für Moderne Schwertkunst in Bayern (VMSB), ohne dessen finanzielle Unterstützung – in Form eines Druckkostenzuschusses und der Bereitstellung von Sachmitteln – die Realisierung dieses Buches nicht möglich gewesen wäre.

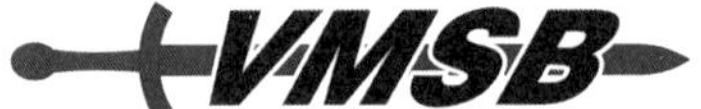

Die Deutsche Bibliothek verzeichnet diese Publikation in der Deutschen Nationalbibliografie; detaillierte bibliografische Daten sind im Internet unter http://dnb.dbd.de abrufbar.

Akademische Druck- u. Verlagsanstalt, Graz 2009
Auflagenhöhe: 700 Exemplare

Satz:
Akademische Druck- u. Verlagsanstalt
Bildbearbeitung:
Fa. PEKUP, Bad Mitterndorf
Druck und Bindung:
Medienfabrik Graz GmbH

ISBN: 978-3-201-01920-0

Inhalt

Vorwort des Historischen Archives der Stadt Köln

Bürgersinn und Bürgerstolz stehen am Anfang der eindrucksvollen Kulturlandschaft der Stadt Köln. Mäzene und Sammler stifteten ihrer Heimatstadt seit dem 19. Jahrhundert Kunstschätze und Kulturgüter aller Art. Einer der ersten und bedeutendsten Stifter war Ferdinand Franz Wallraf (1748–1824), der als Priester und Lehrer wirkte und zugleich ein ungemein vielseitig begabter und interessierter Naturwissenschaftler, Mathematiker, Theologe und Kunstsammler war. In den politischen Umbrüchen um 1800, als Klöster und Kirchen aufgehoben wurden und mancher Adlige vor den französischen Revolutionstruppen floh, bewahrte er zahlreiche Kunstgegenstände vor der Zerstörung und rettete Bücher und Handschriften vor Geringschätzung und Gleichgültigkeit. Vieles erwarb er im Kunsthandel, anderes mit Hilfe von Bekannten und seinen weitläufigen Verbindungen.
Wallraf vermachte seine umfangreichen Sammlungen, die nicht nur Kunstgegenstände, sondern auch Ausgrabungsfunde, Münzen und Medaillen sowie Fossilien umfassten, der Stadt Köln. Die Gemälde bilden den Grundstock des Wallraf-Richartz Museums. Frühdrucke und Bücher befinden sich in der Universitäts- und Stadtbibliothek. Die überaus wertvollen Handschriften – mehr als 500 aus seinem Besitz – werden im Historischen Archiv der Stadt Köln bewahrt, wo sie durch den Einsturz vom 3. März 2009 schwer getroffen wurden. Vor allem die kostbaren illuminierten Evangelienbücher und die beiden Autographen des Albertus Magnus aus Wallrafs Besitz sind zu Recht bekannt und berühmt. Doch richteten sich die weitgespannten Interessen des Sammlers auch auf juristische und naturwissenschaftliche Werke, Darstellungen handwerklicher Techniken sowie Lehrbücher für allerlei Fertigkeiten. Wo er die hier vorliegen-

de ungewöhnliche Fechtlehre fand oder erwarb, ist leider unbekannt. Die Reproduktion erinnert an den hohen Wert der durch das Unglück vom März 2009 geschädigten Bestände des Stadtarchivs. Nur mit Unterstützung von Mäzenen wird es möglich sein, sie zu restaurieren und so bald wie möglich erneut der Öffentlichkeit zur Verfügung zu stellen. Das Vermächtnis von Sammlern wie Wallraf ist eine fortwährende Mahnung zu Bewahrung und Schutz unserer Kulturgüter.

Dr. Bettina Schmidt-Czaia
(Leiterin des Historischen Archivs der Stadt Köln)

Danksagung

Als am 3. März das Gebäude des Historischen Archivs der Stadt Köln einstürzte, fielen 27 Regalkilometer an mittelalterlichen und neuzeitlichen Archivalien in einen riesigen Krater. Das Unglück, bei dem zwei Menschen, die sich in einem benachbarten Haus aufhielten, den Tod fanden, war die Folge eines Erdrutschs in die Tunnelröhre der im Bau befindlichen U-Bahn unterhalb des Archivgebäudes. Erst Tage später konnten ihre Leichname geborgen werden. Neben diesen tragischen, menschlichen Verlusten steht der bislang kaum einzuschätzende Zerstörungsgrad der Archivbestände.

Diese Studie dokumentiert die Ergebnisse der Untersuchung einer Archivalie aus den Beständen des Historischen Archivs der Stadt Köln, die seit diesem Tag als verschollen gilt. Ich hatte Gelegenheit, die kleine Handschrift im Oktober 2008 vor Ort einzusehen und eine umfassende kodikologische Beurteilung abzuschließen. Damals wurde die Handschrift komplett digitalisiert und die Wasserzeichen fotografiert, was die Edition und die inhaltliche Untersuchung des Fechtbuches glücklicherweise auch nach dem Archiveinsturz ermöglichte.

Trotz all dieses sprichwörtlichen Glücks im so tragischen Unglück verdankt sich die Entstehung dieses Buch auch vielen bereitwilligen Helfern. Insbesondere zu danken habe ich Dr. Franz-Albrecht Bornschlegel (München), Dr. Juraj Šediviý (Bratislava), und PD Dr. Andreas H. Zajic (Wien) für ihre paläographischen Hilfestellungen.

Bei der Einschätzung des metallurgischen Rezeptes halfen dankenswerterweise Prof. Dr. med. Dr. phil. Dr. h.c. Gundolf Keil (Würzburg), Prof. Dr. med. Dr. phil. Bernhard Dietrich Haage (Bad Mergentheim), Prof. Dr. rer. nat. Claus Priesner (München) und Florian Kiefer MSc (München).

Danken möchte ich ebenso Dr. Martina Giese (München) für ihre Hinweise zum Schweinespieß in der mittelalterlichen Jagdliteratur. Für den regen Gedankenaustausch über die Marginalzeichnungen danke ich Dr. Juhan Kreem (Tallinn). Bei Fragen zum Ripuarischen standen Dr. Georg Cornelissen (Bonn) und Jens Klüsekamp (Paderborn) dankenswerterweise zur Verfügung. Beim Verfassen des englischen Summary half Dr. Dirk Schultze (Rostock), dem ich dafür ebenfalls danken möchte.

Den Damen und Herren vom Historischen Archiv der Stadt Köln, insbesondere Manfred Huppertz, danke ich für ihre Hilfsbereitschaft vor Ort und in ihren E-Mails. Dem Verband für Moderne Schwertkunst in Bayern e.V. möchte ich für die bereitwillige Übernahme von Sachkosten danken. Und nicht zuletzt schulde ich Mag. Christopher Schaffer von der Akademischen Druck- und Verlagsanstalt Graz Dank, von dessen großer Geduld und fachlicher Kompetenz das Projekt sehr profitiert hat. Ihnen allen sei an dieser Stelle mein herzlicher Dank ausgesprochen.

Gewidmet ist das Buch meiner Frau Ariane – erinnern soll es an den Einsturz des Historischen Archivs der Stadt Köln vom 3. März 2009 und an die beiden Menschen, deren Leben die Katastrophe kostete.

Osnabrück im August 2009

Einleitung

Die Fecht- und Ringkunst im Mittelalter und der Frühen Neuzeit verbindet sich im deutschen Sprachraum vor allem mit einem Namen: Johannes Liechtenauer. Seine Lehre ist erstmals in einer ostmitteldeutsch verfassten Handschrift aus der Zeit um 1389 überliefert und wurde „konstituierend“[1] für die deutschsprachige Fechtliteratur; die meisten bislang erfassten frühneuhochdeutschen Fechthandschriften stehen in seiner Tradition. Das hat zu einer nahezu vollständigen Ausblendung der anderen, vor allem der isoliert überlieferten und wenig rezipierten Fechtlehren des 15. und 16. Jahrhunderts geführt, zu denen auch eine Fechtlehre aus den Beständen des Historischen Archivs der Stadt Köln gehört (Bestand 7020, Signatur der Handschrift: W* 150).[2]

Forschungsgeschichte

Karl Menne hat im Jahr 1937 die deutschen und niederländischen Handschriften des Archivs katalogisiert und in diesem Zusammenhang das Kölner Fechtbuch erstmals kodikologisch und inhaltlich ausführlich, wenn auch nicht bis in alle Details korrekt beschrieben.[3] Auf Mennes Aussagen basieren alle bisherigen Beschreibun-

1 Hans-Peter Hils und Philippe Contamine: Fechten, Fechtwesen, in: Lexikon des Mittelalters IV (1999), Sp. 324–328, hier Sp. 326. Weiterführend: Helmuth Helwig: Die deutschen Fechtbücher. Eine bibliographische Übersicht. Börsenblatt für den deutschen Buchhandel, Frankfurter Ausgabe 55 (1966), S. 1407–1416.

2 Wolfram Schmitt: Fechtbücher (anonyme), in: Verfasserlexikon 2, 2. Aufl., (1980), Sp. 712f.; Hans-Peter Hils: Meister Johann Liechtenauers Kunst des langen Schwertes, Frankfurt am Main 1985, S. 135.

3 Karl Menne: Deutsche und niederländische Handschriften (Mitteilungen aus dem Stadtarchiv von Köln, Sonderreihe: Die Handschriften des Archivs X,1), Köln 1937, S. 195f. (Nr. 111).

gen der Handschrift. Dadurch ziehen sich fälschliche Angaben zu dem kleinen Codex konsequent durch die Forschungsliteratur der Folgezeit, wie beispielsweise die Datierung der Handschrift, die Datierung und Beschreibung des Koperts sowie die Lagenbeschreibung.

Als erste Monographie über Johannes Liechtenauer erschien 1965 die Münchener Dissertationsschrift von Martin Wierschin unter dem Titel „Meister Johann Liechtenauers Kunst des Fechtens". Der Verfasser hat bei seiner Zusammenstellung aller von ihm gefundenen frühneuhochdeutschen Fechtlehren auch das Kölner Manuskript verzeichnet und es dabei „außerhalb der Liechtenauerschen Tradition"[4] verortet. Alle Angaben seiner auf ein Minimum reduzierten Beschreibung der Handschrift übernimmt er von Menne.

Zwanzig Jahre später – in der Zwischenzeit wurde die Handschrift im neuen Verfasserlexikon unter dem Stichwort „anonyme Fechtbücher"[5] angeführt – erschien die zweite Monographie zu Liechtenauers Fechtlehre, die unter dem Titel „Meister Johann Liechtenauers Kunst des langen Schwertes" aus der Freiburger Dissertation von Hans-Peter Hils hervorging. Er beschreibt die Handschrift umfangreicher als Wierschin und stützt sich, wie bereits angedeutet, wieder auf Menne. Auch Hils ordnete das Kölner Fechtbuch, speziell den Teil über das Fechten im langen Schwert, außerhalb der Liechtenauer-Tradition ein.[6]

Im so genannten Handschriftencensus Rheinland wurden 1993 alle mittelalterlichen Handschriften im rheinischen Landesteil von Nordrhein-Westfalen erfasst. Die kurze und knappe Beschreibung des Kölner Fechtbuches basiert auf Mennes Angaben zur Hand-

4 Martin Wierschin: Meister Liechtenauers Kunst des Fechtens, München 1965 (= Münchener Texte und Untersuchungen zur deutschen Literatur des Mittelalters, Bd. 13), S. 24.

5 Schmitt, Sp. 713.

6 Hils, Meister, S. 70.

schrift und verweist auf Hils' Monographie als weiterführende Literatur.[7]

Im gleichen Jahr publizierte Rainer Welle seine Dissertation über den Ringkampf als adelige Kunst im 15. und 16. Jahrhundert, ebenfalls angenommen an der Universität Freiburg (Breisgau). Im Zentrum seines Interesses stand ausschließlich die im Kölner Fechtbuch überlieferte Ringkunst. Eine Handschriftenbeschreibung gab er nicht.[8]

Sozusagen durch Weglassung im Hauptteil ging das Kölner Fechtmanuskript in die Einleitung des von der Kommission für Deutsche Literatur des Mittelalters der Akademie der Wissenschaften in München getragenen Projekts des Katalogs der deutschsprachigen illustrierten Handschriften des Mittelalters (kurz: KdiH) ein. Die Stoffgruppe 38, Fecht- und Ringbücher, wurde von Rainer Leng bearbeitet und erschien als Lieferung zum Band 4/2 im vergangenen Jahr. Leng nahm die Kölner Handschrift wegen der geringen Illustration im Katalog nicht auf.[9] Er erwähnt sie als sprachlichen Ausnahmefall, als eine von insgesamt nur zwei bekannten, nicht aus dem Oberdeutschen stammenden Fechthandschriften.[10]

7 Handschriftencensus Rheinland. Erfassung mittelalterlicher Handschriften im rheinischen Landesteil von Nordrhein-Westfalen mit einem Inventar, hg. von Günter Gattermann, bearbeitet von Heinz Finger u.a., 3 Bde. (= Schriften der Universitäts- und Landesbibliothek Düsseldorf 18), Wiesbaden 1993, Bd. II, S. 1319f. (Nr. 2488).

8 Rainer Welle: „... und wisse das alle höbischeit kompt von deme ringen". Der Ringkampf als adelige Kunst im 15. und 16. Jahrhundert, Pfaffenweiler 1993 (= Forum Sozialgeschichte, Bd. 4), S. 139f.

9 Rainer Leng (Bearb.): Stoffgruppe 38. Fecht- und Ringbücher, München 2008 (= Katalog der deutschsprachigen illustrierten Handschriften des Mittelalters, Band 4/2, Lieferung 1/2), S. 1.

10 Ebd., S. 4.

Zielsetzung der vorliegenden Arbeit

Seit dem Einsturz des Historischen Archivs der Stadt Köln am 3. März 2009 gilt die Kölner Fechthandschrift aus dem Bestand 7020, Signatur W* 150, als verschollen. Die Papierhandschrift aus dem 16. Jahrhundert war Teil der insgesamt rund 27 Regalkilometer historischer Archivalien, die zusammen mit dem Archivgebäude in die Tiefe gerissen wurden. Bis Ende Mai waren etwa 85 Prozent des Archivmaterials zwar geborgen, doch von Rettung ist noch längst nicht die Rede.[11] Selbst wenn die Kölner Fechthandschrift wirklich geborgen werden konnte (oder noch geborgen wird) und sie sich dann vielleicht sogar in einem relativ guten Erhaltungszustand befindet, so wird es noch Jahre, wenn nicht Jahrzehnte dauern, bis sie wieder zur wissenschaftlichen Nutzung zugänglich gemacht werden kann.[12]

Die vorliegende Ausgabe des Kölner Fechtbuches ist die wissenschaftliche Erstedition der enthaltenen Texte und die bisher erste größere und umfassende Analyse der Handschrift. Sie bietet eine kodikologische Untersuchung des Manuskripts, bildet es einschließlich seines Koperts vierfarbig ab und liefert eine kritische Edition des gesamten enthaltenen Texts. Damit soll die Handschrift der wissenschaftlichen Beschäftigung wieder zugänglich gemacht werden. Über die reine Edition hinaus leistet die Untersuchung des Kölner Fechtbuches außerdem einen Beitrag zur mediävistischen Fachprosaforschung. Sie kommt der Forderung, anonyme und überlieferungsgeschichtlich eigenständige Fechtbücher wis-

11 Ulrich S. Soénius: Super-GAU – ein Archiv verschwindet in einem Loch. Der Einsturz des Kölner Stadtarchivs und die Folgen, in: Archiv und Wirtschaft. Zeitschrift für das Archivwesen der Wirtschaft, Band 42, Heft 2 (2009), S. 91–94, hier S. 92.

12 Ebd., S. 92f.

senschaftlich zu bearbeiten, nun in monographischer Form nach.[13] Für weiterführende Interpretationen, sei es wissenschaftlicher Natur oder als Ausgangsbasis für praktiziertes historisches Fechten, legt die Ausgabe des Kölner Fechtbuchs eine einzigartige Quelle erstmals ediert vor.[14]

13 Schon 1980 stellte Wolfram Schmitt in seinem oben im Text bereits angesprochenen Beitrag über anonyme Fechtbücher im neuen Verfasserlexikon als Forschungsdesiderat heraus, dass „die anonymen Fechtbücher noch nicht genauer untersucht sind" (Schmitt, Sp. 712). Seine Liste der noch zu bearbeitenden Handschriften, die auch das Kölner Fechtbuch beinhaltet, ist in den letzten knapp 30 Jahren aufgrund von Handschriften-Neufunden eher angewachsen als abgearbeitet worden. Es ist beim derzeitigen Stand der Forschung jedoch schwierig, eine exakte Zahl aller bekannten frühneuhochdeutschen Fecht- und Ringbücher zu geben, da es aktuell keine vollständige Aufstellung aller Handschriften und Drucke gibt. Die bisher publizierten Kataloge sind alle veraltet oder unvollständig: Wierschin, S. 12–40 (insgesamt 47 Handschriften bis ins 17. Jahrhundert), Hils, Meister, S. 24–134 (55 Handschriften bis ins 17. Jahrhundert sowie mehrere Drucke, die aufgeführt, aber nicht katalogisiert werden), Welle, S. 35f. und 90f. (29 Handschriften und 5 Frühdrucke, aber nur Ringlehren verzeichnet) und jüngst Leng, Katalog, S. 1 (48 illustrierte Handschriften, aber keine Texthandschriften verzeichnet).

14 Jeffrey L. Forgeng und Alex Kiermayer ordneten insbesondere die moderne sportliche Beschäftigung mit dem alten Quellenmaterial historischer Fechtbücher der Editionsphilologie und somit der wissenschaftlichen Herausgabe der Fechthandschriften als notwendige und vorausgesetzte Grundlage nach: Während das Nachfechten erst der zweite Schritt sei, gehörten dem ersten Schritt, innerhalb dessen noch viel zu tun sei, die Bibliographien, Glossare, Editionen und Übersetzungen als wissenschaftliche Infrastruktur an. Siehe hierzu weiterführend: Jeffrey L. Forgeng und Alex Kiermayer: ‚The Chivalric Art': German martial arts treatises of the Middle Ages and Renaissance, in: Barry Molloy (Hg.): The cutting Edge. Studies in ancient and medieval Combat, Stroud (GB) 2007, S. 153–167, hier S. 167: „The field of martial arts history is still in its infancy: much of the scholarly infrastructure basic to such an enterprise [gemeint ist das Nachfechten, d. Vf.], such as bibliographies, glossaries, editions and translations, remains to be created."

A. UNTERSUCHUNG

1. Kodikologische Beschreibung der Handschrift

Historisches Archiv der Stadt Köln, W* 150 (Best. 7020), anonyme Sammelhandschrift (metallurgisches Rezept, fünfteilige Fecht- und Ringlehre).

Papier, 23 Bll., zwei Sexternionen, 145 mm x 100 mm (Schriftfläche 120 mm x 80 mm), einspaltig 16–17 Zeilen, ripuarisch und deutsch, 1. Drittel 16. Jahrhundert. Spätgotische Kursive mit Rubrizierungen. Eine schematische Federzeichnung und mehrere Marginalbilder.

Beschreibstoff, Foliierung und Lagen

Das Kölner Fechtbuch ist ein schmaler Papiercodex im Oktavformat. Der Buchblock setzt sich aus zwei gleich großen Lagen zusammen, nämlich aus zwei Sexternionen (oder Senionen).[15] Dem zweiten Sexternio fehlt das letzte Blatt der Lage (fol. 24). Lagenformel:[16]

$$VI + (VI - 1)^{23}$$

Die Begrenzungslinien des Schriftraums, vor allem die vertikalen, sind zum Teil noch erkennbar. Eine durchgehende, moderne

15 Menne, S. 195, gibt die beiden Lagen fälschlicherweise als Quinternen an. Einführend: Karin Schneider: Paläographie und Handschriftenkunde für Germanisten. Eine Einführung, Tübingen 1999 (= Sammlung kurzer Grammatiken germanischer Dialekte B, Ergänzungsreihe Nr. 8), S. 117–125. Zu den Begriffen Sextern(io) und Quintern(io) siehe: Otto Mazal: Sextern(io), in: Lexikon des gesamten Buchwesens VII, 2. Aufl., (2007), S. 69; Wolfgang Milde: Quintern(io), in: Lexikon des gesamten Buchwesens VI, 2. Aufl., (2003), S. 151.

16 Zu den Methoden der Lagenbeschreibung äußert sich Frank Bischof kritisch und umfassend. Da die Lagenzusammensetzung des Kölner Fechtbuchs nicht besonders komplex ist, soll die Lagenbeschreibung nach Anton Chroust an dieser Stelle genügen. Siehe hierzu: Frank Bischof: Methoden der Lagenbeschreibung, in: Scriptorium 46 (1992), S. 3–27, hier S. 10f.

Bleistiftzählung aus dem 19. oder 20. Jahrhundert foliiert die Blätter der Handschrift in der rechten oberen Ecke der Recto-Seiten.

Die Untersuchung der Wasserzeichen gestaltet sich als schwierig. Wasserzeichen sind an zwei Stellen im Codex zu sehen, nämlich auf fol. 14 und 23. Der sichtbare Teil auf fol. 23 misst 27 mm x 20 mm, auf fol. 14 lediglich 8 mm. In beiden Fällen ist jedoch nur ein Teil zu sehen, der im günstigeren Fall vermutlich weniger als ein Viertel des gesamten Wasserzeichens ausmachen dürfte – da sie zum Typus der heraldischen Wasserzeichen (Wappen-Wasserzeichen) gehören, lässt sich ihre vollständige Gestalt und ihre ursprüngliche Gesamtgröße sehr gut erahnen.[17]

Es handelt sich bei dem Wappen-Wasserzeichen mit sehr hoher Wahrscheinlichkeit um zwei Lilien in einem Wappenschild, zwischen denen eine Majuskel, ein *R* oder *B*, steht. Der Großbuchstabe scheint mit einem Nodus (Knoten) in der Schaftmitte verziert zu sein.[18] Der Schaft der Majuskel trägt eine Krone. Zu sehen sind vom gesamten Wasserzeichen lediglich eine der beiden Lilien (19 mm x 11 mm), der obere Bogen der Majuskel sowie der untere Bogen *(B)* beziehungsweise die geschwungene und stark einwärts gekrümmte Cauda *(R)* der Majuskel. Ein Teil der Krone, die den Buchstaben schmückt, ragt noch in den sichtbaren Ausschnitt. Außerdem ist zu erkennen, dass der Wappenschild entgegen vergleichbarer Wasserzeichen nicht bekrönt ist.

---

17 Schneider, S. 111: „In Oktavhandschriften läßt sich je nach Zuschnitt des Papiers meist nur noch ein Viertel des Wasserzeichens überwiegend am oberen oder unteren Innenrand erkennen und es bedarf oft guter Kenntnis der geläufigen Wasserzeichenformen, um die Einzelteile zu einer Figur zu ergänzen, nach der in den Findbüchern gesucht werden kann."

18 Zum Nodus siehe: Deutsche Inschriften. Terminologie zur Schriftbeschreibung, erarb. von den Mitarbeitern der Inschriftenkommissionen der Akademien der Wissenschaften in Berlin, Düsseldorf, Göttingen, Heidelberg, Leipzig, Mainz, München und der Österreichischen Akademie der Wissenschaften in Wien, Wiesbaden 1999, S. 71; Juraj Šediviý und Hana Pátková: Vocabularium parvum scripturae latinae, Bratislava und Praha 2008, S. 81.

Ähnliche Wasserzeichen sind für das erste Drittel des 16. Jahrhunderts in der Sammlung Piccard verzeichnet und gestalterische Merkmale weisen ebenfalls in diesen Zeitraum; eine Zuordnung zu einem der Referenzobjekte ist jedoch nicht mit absoluter Sicherheit zu leisten.[19] Es lässt sich damit also lediglich der Entstehungszeitraum – vor einer paläographischen Untersuchung von Rezept und Fechtlehren (siehe unten) – bereits vage eingrenzen. Eine regionale Zuordnung kann über die Wasserzeichen hier aber keinesfalls geleistet werden.

Schrift und Schreiberhände

Die kleine Kölner Sammelhandschrift ist von einer einzigen, unbekannten Hand in spätgotischer Kursive geschrieben worden.[20] Auf fol. 20r machte der Schreiber umfangreiche Federproben (Alphabet).[21] Um Auszeichnungen vorzunehmen, wurden Überschriften

---

19 Vergleiche unter *http://www.piccard-online.de* die Wasserzeichen der Nummern 026748 (Gelre, 1508), 026777 (o. O., 1511), 026776 (Trier, 1512) und 026775 (Reval, 1528), die sehr hohe Ähnlichkeiten zum Wasserzeichen des Kölner Fechtbuches aufweisen. Vergleichbare Motive mit etwas geringerer Ähnlichkeit bieten außerdem die Nummern 026778 (Düsseldorf, 1503), 026784 und 026785 (beide Gent, 1505), 026779 (Bruck, 1507), 026780 (Culemborg, 1508), 026781 (im Feld vor Towneckh, 1513), 026774 (Breda, 1517) sowie 026782 und 026783 (beide Reval, 1527).

20 Hier und im Folgenden nach: Bernhard Bischoff: Paläographie des römischen Altertums und des abendländischen Mittelalters, Berlin 2004 (3. Aufl.); Elke von Boeselager: Schriftkunde. Basiswissen, Hannover 2004 (= Hahnsche historische Hilfswissenschaften 1); Albert Derolez: The palaeography of Gothic manuscript books from the twelfth to the early sixteenth century, Cambridge u.a. 2003 (= Cambridge studies in palaeography and codicology 9); Hans Foerster und Thomas Frenz: Abriß der lateinischen Paläographie, Stuttgart 2004 (3. Aufl.); Hellmut Gutzwiller: Die Entwicklung der Schrift in der Neuzeit, in: Archiv für Diplomatik 38 (1992), 381–488; Schneider, passim; Tamara N. Tacenko: Zur Geschichte der deutsche [!] Kursive im 16. Jahrhundert. Bemerkungen zur Entwicklung dieser Schrift anhand von Dokumenten einer Sammlung aus St. Petersburg, in: Archiv für Diplomatik 38 (1992), S. 357–380.

21 Menne, S. 196; Hils, Meister, S. 70; Handschriftencensus, S. 1319.

und einige wichtige Stellen im Text rot unterstrichen. Initialen wurden rubriziert (farbige Strichelung). Die unterste hierarchische Ebene der Textgliederung bilden analog dazu rubrizierte Versalien (ebenfalls farbige Strichelung). Abgesehen von diesen roten Satzmajuskeln gibt es Großschreibung nur in sehr wenigen Ausnahmen. Ob der Rubrikator mit dem Schreiber identisch ist, kann nicht mit Sicherheit geklärt werden, liegt aber nahe, da Korrekturen im Text sowohl mit schwarzer als auch mit roter Tinte vorgenommen wurden. Vor allem auf fol. 7v und 8r (Umstellung der Absatzreihenfolge) zeigt sich, dass dem Schreiben der Traktate ein eigenständiger Korrekturvorgang gefolgt sein dürfte.

Über den Schriftbefund lassen sich nur wenige Rückschlüsse auf die Herkunft von Schreiber und Handschrift ziehen. Vielleicht deuten vage Hinweise in Richtung einer städtischen Kanzlei.

Schon die Bezeichnung als allgemeine spätgotische Kursive eröffnet jedem, der im 15. und frühen 16. Jahrhundert paläographisch arbeitet, sofort das Problemfeld, in dem unter anderem auch kleinräumige Befunde eine wichtige Rolle spielen. Solche Vergleiche helfen hier jedoch nicht weiter, da sich die Provenienz des Manuskripts, geschweige denn ein bestimmter Schreiber, abgesehen vom Sprachstand der Handschrift (siehe unten) kaum eingrenzen lassen.

In der Schrift dieser Zeit können sowohl konservative als auch moderne Tendenzen gleichzeitig vorkommen. Im Kölner Fechtbuch ist der Formenbestand als solcher durchwegs – in Hinblick auf eine exakte Datierung – unspezifisch. Anzeichen, die man für eine Spätdatierung geltend machen könnte, sind die für einen kalligraphisch einigermaßen anspruchsvoll stilisierten Text ziemlich ausgeprägte Linearität und die Tendenz, Schäfte im Ober- und Unterlängenbereich (vor allem natürlich *f* und *s*, aber auch der weit nach oben gezogene, umgebogene Schaft des *k*) besonders lang zu gestalten. Dagegen ist das *t* noch konservativ kurzschaftig. Außerdem ist eine beginnende Orientierung zu einer Rechtsneigung der Schrift zu erkennen, der hier am deutlichsten die Schlingen an *b* und *l* sowie vor allem die extrem flach verlaufenden *y*-Schrägschäfte im Unterlängenbereich Vorschub leisten. Ansonsten ist die Schrift insgesamt noch sehr aufrecht. Die Frühhumanistischen Kapitalis-*I* mit Siculus (Ausbuchtung) am Schaft wird man konkret für eine Datierung in das erste Viertel oder erste Drittel des 16. Jahrhunderts geltend machen können.[22] Ein konservatives Merkmal der Schrift ist das *e*, das noch keine Tendenz zur Öffnung des geschlossenen oberen Bogens erkennen lässt.

Die paläographischen Analysen – wohlgemerkt ohne die eigentlich nötigen regionalen Vergleichsbeispiele – lassen das Kölner Fechtbuch auf den Anfang bis auf das erste Drittel, vielleicht sogar die erste Hälfte des 16. Jahrhunderts datieren. Die außerpaläographischen Merkmale wie die Befunde der Wasserzeichenanalyse legen bereits ebenfalls eine Datierung ins erste Drittel des 16. Jahrhunderts nahe, wenn auch nur vage. Dieser Befund kann mit den paläographischen Ergebnissen chronologisch also durchaus in Übereinstimmung gebracht werden.[23]

Schemazeichnung und Marginalbilder

Zu den Ausstattungsmerkmalen des Kölner Fechtbuches gehören eine einzelne halbseitige, grobe Schemazeichnung auf fol. 2v und ein über die Seiten verstreutes Dutzend so genannter Marginalbilder und Vignetten, deren Grenzen gegeneinander zum Teil verschwimmen und von denen einige wenige sogar nur kleine Federproben sein könnten.

In unmittelbaren und direkten Bezug zum Fechtbuch lässt sich lediglich die eine Schemazeichnung auf fol. 2v bringen,[24] dazu noch

22 Zum Siculus siehe: Šedivý/Pátková, S. 69.

23 Dagegen datiert Menne, S. 195, auf „ca. 1500“. Diese Angaben übernehmen: Wierschin, S. 24; Hils, Meister, S. 70; Handschriftencensus, S. 1319; Leng, Katalog, S. 4.

24 Leng, Katalog, S. 1.

ausführlicher unten im Text.[25] Rätselhaft bleiben die Spuren einer Abbildung auf fol. 17r, die kein Abklatsch der gegenüber liegenden Seite sein können und sich auch nicht von der Rückseite des Blattes durchgedrückt haben können. Woher sie rühren, bleibt unklar.

Keinen Bezug zum Text scheinen die Marginalbilder und Vignetten zu haben. Sie wurden mit zwei Ausnahmen, einem kleinen Kleeblatt oder Vierpass auf fol. 12r und einer kurzen Federprobe auf fol. 17r, vom Rubrikator gezeichnet. Einen Knoten in einem Seil oder Tau zeigen die Marginalbilder auf den Blättern 3r, 4r (hier über die Unterlänge von *p* gezeichnet) und 5r. Sie können auch als Vignetten in Frage kommen. Eventuell gehört auch die möglicherweise unvollständige Komposition auf fol. 5v zu dieser Gruppe oder sie ist lediglich eine u-förmige Vignette. Zwei Marginalbilder auf fol. 4v zeigen Musikinstrumente, einen Dudelsack und eine Trommel – auf derselben Seite ist vom *scheller* die Rede, einem *stuck*, bei dem dreimal in kurzer Folge die Klingen laut tönend aufeinander schlagen. Auf fol. 21v wurde neben eine Vignette eine Teufelsfratze mit herausgestreckter Zunge skizziert. Zwei schlichte Vignetten befinden sich auf fol. 13v.

Es scheint verführerisch, den Versuch unternehmen zu wollen, den Marginalbildern einen tieferen Sinn zu unterstellen und sie in einen Kontext mit dem Inhalt des Fechtbuchs zu bringen.[26] Man

25 Text und Bild stehen in direktem Bezug, denn der dem Schema folgende Text greift explizit auf die Zeichnung zurück: *Item nach deser figuren sall man hewen, alle hewe durch das gesicht mit gestreckten armen vnd mach gut bossen yn allen dyngen so mach dir nyt misselingen.*

26 Grundlegend zum Phänomen der Marginalbilder: Juhan Kreem: Scetches of a Clerk. Pen-and-Ink Drawings in the margins of the Medieval Account Book of Reval (Tallinn), Krems 2006 (= Medium Aevum Quotidianum Sonderband XVIII); ders.: A Drawing Clerk. Pen Drawings in Medieval Accounting Books in Tallinn, Tallinn 2009. Weiterführend zum Thema: Robin Carfrae Alston: Books with Manuscript. A Short Title Catalogue of Books with Manuscript Notes in the British Library. Including Books with Manuscript Additions. Proof Sheets, Illustrations, Corrections, London 1994; Michael Camille: Image on the Edge. The Margins of Medieval Art, 5. Aufl., London 2008; Lilian M. C. Randall: Images in the Margins of Gothic Manuscripts, Berkeley und Los Angeles 1966.

könnte über den rechtshistorischen Zusammenhang von gerichtlichem Zweikampf und Fechtbuch in den Knoten beispielsweise eine gewisse Analogie zu den Kölner Turmbüchern herstellen, in deren Marginalien immer wieder Galgen hineingezeichnet wurden.[27] Oder man könnte in der Teufelszeichnung einen religiösen beziehungsweise laientheologischen Hintergrund über die biblische Motivik der (teuflischen) Zunge als Waffe oder gar Schwert vermuten.[28] Die ikonographische Kopplung von Teufel und Fechtbuch ist darüber hinaus nicht einmalig: In einer 1522/23 in Augsburg entstandenen Fechthandschrift werden sogar Engel und Teufel als Kampfpartner bildlich dargestellt.[29] Auch könnte man in den beiden Musikinstrumenten (Dudelsack, Trommel) eine Verbindung zwischen Musikern und Fechtern über deren gemeinsames Moment suchen, als fahrendes Volk am Rande der Gesellschaft zu stehen.[30]

27 Franz Irsigler und Arnold Lassotta: Bettler und Gaukler, Dirnen und Henker. Außenseiter in einer mittelalterlichen Stadt. Köln 1300–1600, 10. Aufl., München 2004, S. 228–270 (mit einigen Abbildungen); Jürgen Macha: Kölner Turmbücher – Schreibsprachwandel in einer seriellen Quelle der Frühen Neuzeit. In: Zeitschrift für deutsche Philologie 110 (1991), S. 36–61.

28 Zum Motiv der Zunge des Teufels in der mittelalterlichen Ikonographie: Aleksandr E. Makhov: The Devil's Naked Tongue as an Iconographical Motif, in: Medium Aevum Quotidianum 53 (2006), S. 44–73, vor allem S. 48 und S. 51.

29 München, BSB, cgm 3712, fol. 12r und 37r, siehe: Leng, Katalog, S. 87 und Abb. 40.

30 Zum sozialen Stand der Fechter siehe: Sydney Anglo: The Martial Arts of Renaissance Europe, New Haven und London 2000, S. 30–39; Hans-Peter Hils, Meister, S. 207–244; ders.: „Der da sigelos wirt, dem sleht man die hant ab". Zum Stand der hauptberuflichen Fechter nach mittelalterlichen Rechtsquellen, in: Zeitschrift der Savigny-Stiftung für Rechtsgeschichte, Germanistische Abteilung 102 (1985), S. 328–340; ders.: „Kempen unde er kinder... de sin alle rechtelos". Zur sozialen und rechtlichen Stellung der Fechtmeister im späten Mittelalter, in: Joerg O. Fichte u.a. (Hgg.): Zusammenhänge, Einflüsse, Wirkungen. Kongressakten zum ersten Symposium des Mediävistenverban-

Den Gegner zur Sackpfeife, also zum Dudelsack, machen, ist darüber hinaus eine rhetorische Figur, die Fabian von Auersbach in seiner *Ringer kunst*, gedruckt 1539 durch Hans Lufft in Wittenberg, benutzt.[31] Ein textgeschichtlicher oder ikonographischer Zusammenhang zwischen beiden Ringlehren lässt sich einzig damit jedoch nicht begründen – und weitere Spuren fehlen.

Es lässt sich alles in allem also keine wirklich griffige Beziehung der Marginalbilder zum Text oder gar zu konkreten Textstellen argumentieren. Das Kölner Fechtbuch ist eine einfache Gebrauchshandschrift; die Marginalbilder können von bewusst gesetzten Findehilfen bis hin zu in Langeweile, in Geistesabwesenheit oder als Scherz entstandenen Zeichnungen alles sein.[32]

des in Tübingen 1984, Berlin und New York 1986, S. 255–271; Henner Huhle und Helma Brunck: 500 Jahre Fechtmeister in Deutschland. Ältester privilegierter Berufsstand, Frankfurt am Main 1987 (= Kleine Schriften des Historischen Museums Frankfurt am Main, Band 34). – Zu den Außenseitern im mittelalterlichen und frühneuzeitlichen Köln siehe: Irsigler/Lassotta, darin insbesondere zu den Gauklern und Spielleuten, aber ohne Erwähnung von Fechtdarbietungen oder ähnlichem, S. 126–144.

31 Die Bildbeischrift auf dem ungezählten Blatt 37r lautet: *Darnach las ich jm mit meiner rechten Hand den Kopff gehen / vnd ergreiff mit der selbigen sein linck Bein von vnten auff / Daraus mache ich jn zur Sackpfeiffen.* Abbildung des gesamten Drucks in: Chronik alter Kampfkünste. Zeichnungen und Texte aus Schriften alter Meister entstanden 1443–1674, ohne Verfasser, 6. Aufl., Berlin 2003, ohne Seitenzahlen. Siehe auch: Leng, Katalog, S. 142, Nr. 38.10.g; Welle, passim; Helmut Minkowski: Das Ringen im Grüblein. Eine spätmittelalterliche Form des deutschen Leibringens. Vier frühe Drucke und Auszüge aus einer unedierten Fechthandschrift des 16. Jh., Stuttgart 1963 (= Beiträge zur Lehre und Forschung der Leibeserziehung, Band 16), S. 26–37 (mit Abbildungen).

32 Kreem, Scetches, S. 19, S. 67f. und S. 71.

Das Kopert

Das Kölner Fechtbuch wird durch einen Pergament-Umschlag, ein so genanntes Kopert, geschützt.[33] Diese mittelalterliche, flexible Einbandtechnik ist eine einfache, aber nicht zwangsläufig provisorische oder gar handwerklich minderwertige Art der Bindung. Diese „vollgültige Einbandart"[34] besteht aus einer unversteiften Leder- oder Pergamenthülle. In den Bibliothekskatalogen ab dem 14. Jahrhundert ist vermehrt von diesen *libri sine asseribus* (also ohne Holzdeckel) die Rede.[35] Ab dem 14. Jahrhundert werden von Anfang an klappen- und verschlusslos konzipierte Koperte, zu denen das Kölner Exemplar gehört, häufiger.

Für die Bindung des Koperts wurden die Heftfäden der Lagenheftung durch den Rücken der Pergamentdecke gestochen (Langstich). Diese Heftfäden verbinden die Lagen direkt mit dem Umschlag und sind auf dem Rücken deutlich sichtbar. Der Umschlag des Kölner Fechtbuches zeigt Löcher exakt für die zwei erhaltenen Bindeeinheiten auf. Weitere Bindeeinheiten sind folglich im Laufe der Zeit nicht verloren gegangen.

Das Pergament, das für das Kopert verwendet wurde, ist einem makulierten, älteren Pergamentcodex entnommen worden. Es handelt sich dabei um ein zweiseitig beschriebenes Blatt aus einem latei-

---

33 Grundlegend für diesen Abschnitt: Otto Mazal: Einbandkunde. Die Geschichte des Bucheinbandes, Wiesbaden 1997 (= Elemente des Buch- und Bibliothekswesens 16), S. 20; Ursula Rautenberg (Hg.): Reclams Sachlexikon des Buches, 2., verb. Aufl., Stuttgart 2003, S. 309; Friedrich Adolf Schmidt-Künsemüller: Kopert, in: Lexikon des gesamten Buchwesens IV, 2. Aufl., (1995), S. 308f; Schneider, S. 172f. und 179f. Monographische Werke: Maren Mau-Pieper: Koperte als Einband bei Gebrauchsschriftgut in Mittelalter und früher Neuzeit, Univ. Magisterarbeit Tübingen 2005; Agnes Bettina Hokyong Scholla: Libri sine asseribus. Zur Einbandtechnik, Form und Inhalt mitteleuropäischer Koperte des 8. bis 14. Jahrhunderts, Univ. Proefschr. Leiden 2002.

34 Scholla, S. 274.

35 Mazal, Einbandkunde, S. 20.

nischen Lektionar,[36] das von der Forschung bislang einhellig auf das 13. Jahrhundert datiert wurde.[37] Diese Datierung kann aufgrund paläographischer Merkmale mit Vorbehalt auf die zweite Hälfte des 12. Jahrhunderts revidiert werden. Mit Vorbehalt deshalb, weil zur Beurteilung hochmittelalterlicher Minuskel der allgemeine Eindruck und Proportionen mehr aussagen als Einzelformen. Das setzt aber im Prinzip die regionale Verortbarkeit der Schriften voraus; die Provenienz des Lektionars, aus dem das Blatt für das Kopert stammt, muss jedoch im Dunklen bleiben.

Hinsichtlich des Schriftcharakters stehen konservative Merkmale hier progressiveren gegenüber. Die Buchstaben stehen noch relativ weit auseinander. An einzelnen Buchstabenformen weisen das *e caudata*, das konsequent am Wortende ausgeführte lange *s* sowie die kapitalen Formen von Versalien wie *N* in das 12. Jahrhundert. Besonders die Versalien *F* und *S* in der Rubrik (Innenseite Rückendeckel) und das mit einfacher Brechung auf einer kursiven, protogotischen Form aufbauende *V* in *Vos* (Z. 6 von unten) lassen trotz der sehr rund wirkenden, ungebrochenen Formen ebenfalls auf die zweite Hälfte des 12. Jahrhunderts schließen.

Das auf seiner Cauda sehr hoch gestelzte *Q* kommt noch aus dem 10. Jahrhundert, aber findet sich sogar in frühneuzeitlicher Humanistenkursive. Die meisten Minuskelformen auf dem Kopert sind im Grunde auch für das 11. Jahrhundert vorstellbar; das *g* mit dem sehr gerade in den Unterlängenbereich ragenden Schaft ist aber eher moderner, ebenso das *d* mit dem durchgebogenen Schrägschaft in *dicebant*.

Als progressivere Merkmale sind bereits gewisse Brechungen und Streckungen zu sehen, auch die Versalie *M* zeigt schon gotische

36 Dagegen als lateinisches Evangeliar bezeichnet bei Menne, S. 195, und (Menne aufgreifend) bei Hils, Meister, S. 70.

37 Hils, Meister, S. 70; Menne, S. 195.

Merkmale. Die Minuskel steht also insgesamt bereits unter starkem Einfluss der Gotisierung.

Ein solches Kopert, wie es bei dem Kölner Fechtbuch Verwendung fand, lässt einige Rückschlüsse auf den Wert des Manuskripts als Gebrauchshandschrift zu. Zum einen ist das Kölner Kopert kein hohes Ausstattungsmerkmal, zum Beispiel einer repräsentativen Handschrift.[38] Dafür spricht auch die schlichte Bindung mit den wenigen groben Stichen (Langstich).[39] Da solche Einbände eher der Abnutzung und der Auflösung ausgesetzt waren als die im Mittelalter ansonsten üblichen Holzdeckeleinbände, befanden sie sich vornehmlich in weniger stark benutzten Privatbibliotheken,[40] einige Indizien sprechen für einen mobilen Gebrauch.[41] Heute sind Koperte in weit größerer Zahl in Archiven als in Bibliotheken erhalten, wo sie aus unterschiedlichen Gründen häufiger einen neuen Einband bekamen.[42] Ein Koperteinband charakterisiert nach Maren Mau-Pieper den Wert des Geschriebenen als nicht endgültig; ein solcher Einband habe zwar eine sichernde, aber noch nicht bindende Rolle innegehabt.[43]

Signaturen und Vorbesitzgeschichte

Innerhalb der Bestände des Historischen Stadtarchivs der Stadt Köln bilden die unter der Sigle W* beziehungsweise dem Bestand 7020 zusammengefassten Handschriften einen Teilbestand der Handschriftensammlungen, die der Untergruppe Handschriften innerhalb der Archivischen Sammlungen und Selekte zugeordnet sind.

38 Scholla, S. 275: „Vom 12. bis zum 14. Jahrhundert sinken die verwendeten Schriften zu teilweise sehr flüchtigen Gebrauchsschriften ab."

39 Scholla, S. 274: „Dünne Heftchen mit kurzen Notizen und flüchtigen Aufzeichnungen werden mit wenigen groben Stichen zusammengehalten."

40 Schmidt-Künsemüller, S. 308f.

41 Scholla, S. 276f.

42 Mau-Pieper, S. 2.

43 Ebd., S. 61-70.

Die heutige Signatur W* 150, unter der die Handschrift im Handschriftencensus Rheinland erwähnt ist,[44] ersetzt die frühere Signatur W. 8° 150*, unter der Karl Menne die Handschrift 1937 beschreibt und unter der sie Martin Wierschin 1965 verzeichnet.[45] Als ältere Signatur gibt Menne W. IX 16 an.[46] Abgesehen von der sich im Laufe der Zeit wandelnden Signaturen der Handschrift, gibt es außer Wallraf keine weiteren Hinweise auf ihre Vorbesitzer.

2. Sprachliche Aspekte des Kölner Fechtbuchs

Das Kölner Fechtmanuskript ist während seiner überschaubaren Forschungsgeschichte (siehe Einleitung) im Zusammenhang mit der Handschriftenkatalogisierung und -beschreibung auch sprachwissenschaftlich eingeordnet worden. Die Angaben zum Sprachstand variieren dabei von „hochdeutsch mit ripuarischen Beimischungen“[47] über „deutsch und ripuarisch“[48] bis hin zu „rheinfränkisch“[49].

Das genannte Ripuarische ist der damals vorherrschende Dialekt[50] des Raumes Köln,[51] innerhalb dessen sich mittelhochdeut-

44 Handschriftencensus, S. 1319f.

45 Menne, S. 195f.; Wierschin, S. 24.

46 Menne, S. 195f.

47 Menne, S. 195; Hils, Meister, S. 70.

48 Handschriftencensus, S. 1319.

49 Leng, Katalog, S. 4.

50 Hier und im Folgenden wird unter Dialekt eine „sprachliche Varietät mit begrenzter räumlicher Geltung im Gegensatz zur überdachenden Standardsprache“ (Hadumod Bußmann) verstanden. Einführend: Hadumod Bußmann: Lexikon der Sprachwissenschaft, 3., aktualisierte und erw. Aufl., Stuttgart 2002, S. 162f. („Dialekt“).

51 Das Ripuarische ist die Sprache des Kölner Kulturraums (beidseitig des Rheins) und umfasst nördliche Eifel, Aachener Land, Ruhr- und Erftgebiet und das Bergische Land. Vergleiche hierzu Bußmann, S. 437 („Mittelfränkisch“). Siehe Dialektkarte auf S. 29.

sche und mittelniederdeutsche Sprachmerkmale überlappten und vermischten.[52] Es gehört mit dem ebenfalls mitteldeutschen/mittelfränkischen Moselfränkischen (südlich des Ripuarischen, z. B. Trier) und dem Rheinfränkischen (südlich und östlich des Moselfränkischen, z. B. Mainz oder Speyer) zu den drei großen westmitteldeutschen Sprachgruppen. Das Ripuarische und das Rheinfränkische herrschten folglich in zwei geographisch nahen, aber sprachwissenschaftlich zu unterscheidenden Räumen vor.

Zusammen mit nur einer einzigen weiteren, niederdeutschen Handschrift, die eine illustrierte und über weite Strecken sehr textarme Fechtbuch-Kriegsbuch-Kompilation enthält,[53] bildet das Kölner Fechtbuch das einzige bekannte, explizit nicht aus dem oberdeutschen Sprachgebiet stammende Zeugnis. Im Gegensatz dazu können nahezu alle weit über 50 überlieferten, deutschsprachigen Fecht- und Ringhandschriften und -frühdrucke des 14. bis 16. Jahrhunderts sprachgeographisch im oberdeutschen Raum verortet werden.[54] Das Kölner Manuskript lässt sich am besten als ripuarisch und deutsch einordnen, eine Umstellung der Angaben im Handschriftencensus also; doch lässt sich der Sprachstand bei genauerem Hinsehen gar nicht so leicht auf eine kurze Formel bringen, da zwei linguistische Aspekte mit diffizilen Befunden hervorstechen: Dialektales und Fach- beziehungsweise Gruppensprachliches (Techno- beziehungsweise Soziolektales).

52 Zum Ripuarischen hier und im Folgenden grundlegend: Hermann Paul: Mittelhochdeutsche Grammatik, 24. Aufl., überarb. von Peter Wiehl und Siegfried Grosse, Tübingen 1998, passim.

53 Leng, Katalog, S. 4 und S. 32–34, Nr. 38.2.6.

54 Zum aktuellen Stand der erfassten Fechthandschriften siehe Anm. 13.

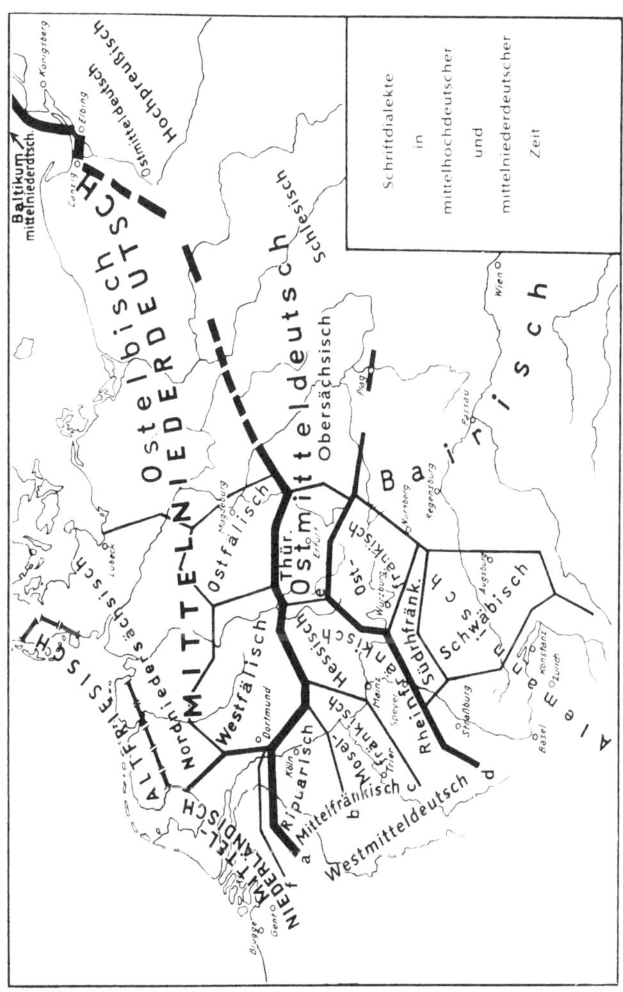

Aus: Hermann Paul , Mittelhochdeutsche Grammatik, Tübingen 1998, S. 6.

Dialektales

Im Spätmittelalter, der Blütezeit der regionalen Schreibsprachen insbesondere im niederdeutschen Raum, erreicht die ripuarische Schriftlichkeit rund um die sprachgeographisch dominierende Stadt Köln als „Ausstrahlungszentrum"[55] einen großen Umfang und einen hohen Stellenwert. Während des 14. Jahrhunderts musste das Lateinische zwar auch andernorts seine vorrangige Sprachposition in Politik und Verwaltung zunehmend an die Volkssprache abtreten, doch speziell die ripuarisch-kölnische Schreibsprache erreichte eine weitgehende Stabilität und Autonomie. Der ripuarische Raum hat im 14. und 15. Jahrhundet „sozusagen sprachlich noch in sich selbst geruht"[56].

Das änderte sich im Laufe des 16. Jahrhunderts, als ein komplexer und umfassender schriftsprachlicher Umbruch zu einem starken Sprachstrukturwandel führte, der eine (frühneu-) hochdeutsche Zielvarietät weitgehend erreichte. So lösten moderne Elemente in zunehmender Weise Merkmale des vormals „durchaus (noch) selbstbewussten"[57] Ripuarischen im 16. Jahrhundert ab. Das weltliche Fachschrifttum, zu dem die Fecht- und Ringbücher gehören, war dabei einer der vorrangigen Träger des Hochdeutschen in das Ripuarische, wenngleich die Drucke mehr als die Manuskripte an der Spitze einer solchen Entwicklung standen und die Handschriften deutlich zeitversetzt in einem Prozess höherer Variation folgten.

---

55 Robert Möller: Rheinische Sprachgeschichte von 1300–1500, in: Jürgen Macha, Elmar Neuss und Robert Peters (Hgg.): Rheinisch-Westfälische Sprachgeschichte, Köln u.a. 2000 (= Niederdeutsche Studien 46), S. 51–76, hier S. 51.

56 Ebd., S. 75.

57 Walter Hoffmann: Rheinische Sprachgeschichte im 16. Jahrhundert, in: Jürgen Macha, Elmar Neuss und Robert Peters (Hgg.): Rheinisch-Westfälische Sprachgeschichte, Köln u.a. 2000 (= Niederdeutsche Studien 46), S. 123–138, hier S. 125.

Die geschilderte „sprachstrukturelle Entregionalisierung“[58] ist in den zwanziger Jahren bereits in Ansätzen greifbar, schlägt aber ab den 40er Jahren oder ab der Mitte des Jahrhunderts zunehmend durch. Doch man darf einerseits für den gesamtripuarischen Raum eventuelle Teilräume mit ungleicher Phasierung, sprachlichen Nebenlinien und Diskontinuitäten nicht übersehen. Andererseits bleiben einige, zum Teil aber beachtliche idioskriptale Reste trotz des Dranges, hochdeutsch schreiben zu wollen, erhalten.

Diese Mischsprachlichkeit ist im Kölner Fechtbuch auch ohne umfassende sprachgeschichtliche Untersuchung schnell zu spüren.[59] Es handelt sich hier um einen Text mit ripuarischer Grundstruktur, die in Teilen jedoch dem (süddeutschen) Hochdeutsch angepasst wurde. Dieser Vorgang geschah sehr unvollkommen und teilweise nur mechanisch, ist aber vielleicht symptomatisch für die dargelegte Sprachentwicklung des Ripuarischen als Dialekt im 16. Jahrhundert. Gleichzeitig passt er möglicherweise gut zur (nahezu ausschließlich oberdeutschen) Tradition mittelalterlicher und frühneuzeitlicher deutschsprachiger Fechtlehren und ihrer fachgruppenspezifischen Sondersprachlichkeit (siehe unten).

---

58 Ebd., S. 127.

59 Vergleiche Paul, passim. Ripuarische Merkmale des Textes sind nach Paul unter anderem das Längezeichen <i>, hier vornehmlich als <y>, zum Teil auch als <e>, zum Beispiel in *voysz* ‚Fuß‘, *bloyß*, *bloeß*, *bloiß* ‚Bloß‘/‚Blöße‘ usw., die nicht eingetretene Diphthongierung /i/ > /ei/ in *fry* usw., das unverschobene, anlautende /p/ in *pluck*, *ployg* ‚Pflug‘, *porte* ‚Pforte‘ usw., die ripuarischen Kennzeichen *van* ‚von‘, *as* ‚als‘ (nur im Stangenfechten), *zo* ‚zu‘, *sall* ‚soll‘, inlautendes /v/ gegen /b/ wie zum Beispiel in *auer* ‚aber‘, *ouen* ‚oben‘, *louenn* ‚loben‘ usw., die Wiedergabe mit <ch> des ripuarisch spirantisch gebliebenen /g/ in *dach* ‚Tag‘, das Überwiegen des postvokalischen <ch>-Ausfalls in *nyt*, *neyt* gegenüber seltenen Belegen von <ch>-haltigem *nycht* und vieles mehr. – „Moderne“ Einflüsse machen sich, ebenfalls nach Paul, unter anderem bemerkbar in dem sehr häufigen *als*, *alsz* gegenüber dem (nur im Stangenfechten auftretenden) ripuarischen *as*, in *ader* ‚oder‘ statt ripuarisch *off*, in *vnd* statt ripuarisch *ind(e)* und in vielem mehr. – Hilfen zum Verständnis des Textes gibt auch das der Edition angehängte Glossar.

Insbesondere an stehen gebliebenen Versen,[60] deren Reime aber durch den teilweisen Sprachwechsel ge- oder gar zerstört wurden, zeigt sich dieses Phänomen, so beispielsweise auf fol. 3r (nicht aber bei der Wiederholung des Verses auf fol. 13r). In der zu Grunde gelegten und durch die (mündliche) Unterweisungspraxis vielleicht nur im Kopf des Schreibers vorhandene Fassung des Verses reimen sich hier *dryben ‚treiben' und *lyve(n) ‚Leibe':

wastu starck wils dryben [,] das fecht myt gantzem lebe

Techno- und Soziolektales

Üblicherweise wurden volkssprachliche Fachtexte im Mittelalter und der Frühen Neuzeit in ungebundener Rede, also in Prosa geschrieben. In Verse gefasst wurde Fachwissen nur dann, wenn der Stoff als besonders wertvoll erachtet wurde, so dass er ästhetisch gestaltet werden sollte, oder weil es im Reim durch das so genannte mnemotechnische Hilfsmittel des (Merk-) Verses besser zu behalten war.[61]

Letzteres ist typisch gerade für die Überlieferung frühneuhochdeutscher Fechtlehren, da insbesondere diese Art von verschriftlichten Wissenstransferprozessen auf einer ursprünglich mündlichen Unterweisungspraxis gründen.[62] Die Merkverse des aus dem

---

60 Auf die stehen gebliebenen Verse wies bereits Menne, S. 195f., hin.

61 Bernhard Dietrich Haage und Wolfgang Wegner: Deutsche Fachliteratur der Artes in Mittelalter und Früher Neuzeit, Berlin 2007 (= Grundlagen der Germanistik 43), S. 37.

62 Dazu grundlegend: Jan-Dirk Müller: Bild – Vers – Prosakommentar am Beispiel von Fechtbüchern. Probleme der Verschriftlichung einer schriftlosen Praxis, in: Hagen Keller u.a. (Hgg.): Pragmatische Schriftlichkeit im Mittelalter. Erscheinungsformen und Entwicklungsstufen (Akten des Internationalen Kolloquiums 17.-19. Mai 1989), München 1992 (= Münstersche Mittelalter-Schriften, Bd. 65), S. 251–282; ders.: Zwischen mündlicher Anweisung und schriftlicher Sicherung von Tradition. Zur Kommunikationsstruktur spätmittelalterlicher Fechtbücher, in: Kommunikation und Alltag in Spätmittel-

Oberdeutschen stammenden, aber biographisch so gut wie unbekannten Meisters Johannes Liechtenauer nehmen vom 14. bis 16. Jahrhundert die zentrale Stellung innerhalb der Überlieferung des Gesamtkorpus deutschsprachiger Fecht- und Ringbücher ein.[63]

Liechtenauers Merkverse – schriftlich fixiert als so genannte *zedel* (lat.: *schedulae*) – kennzeichnen dabei gleich mehrere sondersprachliche Aspekte, nämlich einerseits die bereits angesprochenen, mnemotechnischen Charaktereigenschaften der in Versen gehaltenen Fachsprache und andererseits eine geheimsprachlich anmutende, inhaltliche Verschlüsselung.[64] Dadurch sollte die Lehre Außenstehenden unzugänglich gemacht werden, doch schon in der ältesten Überlieferung begannen Kommentatoren Liechtenauers Texte in Form von *glosen* quasi-exegetisch auszulegen und das Geheimwissen zu öffnen.

Als Resultat daraus erschweren das heutige Verständnis der frühneuhochdeutschen Fechterfachsprache spezielle, insbesondere die Lexik betreffende (semantische) Verzerrungseffekte: Geheimsprachliches, Fachsprachliches, Verballhorntes. Und obwohl das Kölner Manuskript außerhalb dieser dominanten Liechtenauerschen Text- und Überlieferungstradition entstanden ist, weist es auf

alter und Früher Neuzeit. Internationaler Kongress Krems an der Donau 9. bis 12. Oktober 1990, Wien 1992 (= Veröffentlichungen des Instituts für Realienkunde des Mittelalters und der Frühen Neuzeit, Nr. 15), S. 379–400; ders.: Hans Leckküchners Messerfechtlehre und die Tradition. Schriftliche Anweisungen für eine praktische Disziplin, in: ders. (Hg.): Wissen fur den Hof. Der spätmittelalterliche Verschriftungsprozeß am Beispiel Heidelberg im 15. Jahrhundert, München 1991 (= Münstersche Mittelalter-Schriften, Bd. 67), S. 355–384.

63 Hils/Contamine, Sp. 326.

64 Hier und im Folgenden nach: Matthias Johannes Bauer: Fachsprache und/oder Geheimsprache – Sondersprachliches in frühneuhochdeutschen Ring- und Fechtlehren. Probleme und Perspektiven eines germanistischen Untersuchungsansatzes, in: Fachprosaforschung – Grenzüberschreitungen 4/5 (2008/09), im Druck.

sprachlicher Ebene trotzdem die typischen Merkmale frühneuhochdeutscher Fechtbücher in Lexik (Art der Fachtermini) und fragmentarischer rhythmischer Gliederung (stehen gebliebene Verse) auf. Anscheinend gibt es also über die dialektalen Sprachgrenzen hinaus und über die gesamte Überlieferung hinweg – ob traditionsreich verbreitete oder vollkommen isoliert gebliebene Fechtlehren! – allgemein konstituierende Elemente deutschsprachiger Fechtlehren. Oder sind das vielleicht doch (nur noch erahnbare) Spuren süddeutscher/hochdeutscher Einflüsse auf die im Kölner Fechtbuch tradierten Zweikampflehren? Einzelne, ansonsten (fast) ausschließlich oberdeutsch überlieferte Fachbegriffe jedenfalls wurden ripuarisch geschrieben: *flogel* ‚Flügel', *yser porte* ‚Eiserne Pforte', *pluck* ‚Pflug', *van dach* ‚vom Tag' und so weiter. Warum das so ist, bleibt ungewiss.[65]

65 Weiterführend zur Entstehung von Fachlexik im 16. Jahrhundert: Birgit Eichler: Wissenstradierung – Fremdwortgebrauch – Entlehnungsprozesse. Untersuchungen zu textsorten-spezifischen Nominationen in Lehrschriften des frühen 16. Jahrhunderts, Diss. Erfurt 1991; dies.: Zur Wortbildung in Fachtexten des 16. Jahrhunderts. Probleme eines Untersuchungsansatzes, in: Horst Brunner und Norbert Richard Wolf (Hgg.): Wissensliteratur im Mittelalter und der Frühen Neuzeit. Bedingungen, Typen, Publikum, Sprache, Wiesbaden 1993 (= Wissensliteratur im Mittelalter, Schriften des Sonderforschungsbereichs 226 Würzburg/Eichstätt, Band 13), S. 370–378; Brigitte Döring und Birgit Eichler: Sprache und Begriffsbildung in Fachtexten des 16. Jahrhunderts, Wiesbaden 1996 (= Wissensliteratur im Mittelalter, Schriften des Sonderforschungsbereichs 226 Würzburg/Eichstätt, Band 24). Vergleiche Glossar.

Das Problem nicht-ripuarischer Färbungen

Diese eben geschilderten aus dem Techno- beziehungsweise Soziolekt herrührenden Befunde verkomplizieren die sprachgeographische und sprachhistorische Einordnung des Kölner Fechtbuches vor dem Hintergrund der generell anwachsenden Mischsprachlichkeit im Ripuarischen des 16. Jahrhunderts zusätzlich. Denn jede nicht-ripuarische Färbung des Textes kann den beiden dargestellten Sprachphänomenen zufolge sowohl dialektal als auch technolektal beziehungsweise soziolektal bedingt oder evoziert gewesen sein.

Doch gerade die Befunde nicht-ripuarischer Einflüsse abseits der reinen Fachlexik[66] (also alle nicht-ripuarischen Nicht-Fachwörter) sorgen für gewisse Unschärfen hinsichtlich möglicher sprachwissenschaftlicher Hinweise, die zur zeitlich und geographisch genauen Einordnung des Manuskripts hilfreich sein könnten. Das Ripuarische, in seiner ‚Reinform' ja schon Mischprodukt aus mittelniederdeutscher und mittelhochdeutscher Sprache (und somit schwer identifizierbar), wird wie oben dargelegt im Laufe des 16. Jahrhunderts flächendeckend, doch regional unterschiedlich konsequent und zeitlich versetzt hochdeutsch ‚entregionalisiert'. Da aber weder Entstehungszeit noch Entstehungsraum des undatierten und anonymen Fechtbuchs richtig fassbar sind, bleiben schlichtweg zu viele Variablen, um aufgrund des Sprachstands genauere Aussagen zur zeitlichen und geographischen Herkunft innerhalb des ripuarischen Raums des 16. Jahrhunderts machen zu können.

66 Zu den nicht-ripuarischen Merkmalen abseits der Fachlexik siehe Anmerkung 59.

3. Aufbau und Inhalt der Sammelhandschrift

Die Kölner Sammelhandschrift überliefert ein metallurgisches Rezept (fol. 1v) sowie eine mehrteilige Fechtlehre (ab fol. 2r). Zwischen den einzelnen Teilen wurden einzelne Seiten unbeschrieben gelassen.[67]

Übersicht über den Inhalt und Aufbau der Handschrift:

1r	leer
1v	Metallurgisches Rezept (wahrscheinlich nachgetragen)
2r-8r	Fechtlehre im langen Schwert
8v-10r	leer
10v-12r	Ringlehre
12v	leer
13r-17r	Fechtlehre im (langen) Messer
17v-19v	leer
20r	Federproben (Alphabet)
20v	Fechten im Schweinespieß
21r	leer
21v-22r	Stangenfechten
22v-23v	leer

Ein metallurgisches Rezept als Nachtrag

Der erste Text der Kölner Sammelhandschrift ist ein metallurgisches Rezept, das sehr wahrscheinlich wenig später in den kleinen Codex auf fol. 1r nachgetragen wurde. Dafür sprechen die fehlende Ausstattung durch Rubrizierungen und ähnliches (siehe oben).

67 Vergleiche: Handschriftencensus, S. 1319f.; Hils, Meister, S. 70; Menne, S. 195f.; Wierschin, S. 24.

Außerdem folgt ein Incipit *(Hyr hebet sich aen...)* erst auf fol. 2r. Das nachgetragene Rezept dürfte sehr wahrscheinlich von gleicher Hand wie der übrige Codex geschrieben worden sein, wenngleich es auch deutlich flüchtiger notiert wurde.

Salamonias j loitt
Wijßs victoriale j loitt
Spainsgroen j loyt
Salpeter j loytt
Seyer nach anderhalff so vyll sylbers als goltz

Solche Rezepte sind die am häufigsten überlieferte Form alchemistischer Texte, doch sind sie meist in längere Abhandlungen eingestreut, noch häufiger wurden sie zu regelrechten Rezeptsammlungen zusammengestellt. Sie folgen üblicherweise einem formelhaften Aufbau: Einer Überschrift, die stichwortartig den Inhalt wiedergibt, folgt eine stereotype Wendung nach dem Schema ‚Willst Du x machen, so nimm y...'. Benötigte Stoffe werden (oft mit exakter Mengenangabe) angegeben, die notwendigen Geräte und die Art der Behandlung beschrieben, häufig folgt eine Gebetsformel oder Ähnliches – all diese Merkmale zeigt das ohne jeden weiteren alchemistischen Kontext überlieferte Rezept der Kölner Sammelhandschrift nicht (zu ähnlichen Überlieferungsfällen siehe unten).[68] Vielleicht blieb es unvollständig.

Stattdessen werden in diesem Rezept zunächst unvermittelt vier Bestandteile aufgezählt, nämlich *Salamonias, Wijßs victoriale, Spainsgroen* und *Salpeter*, jeweils in der Menge (Masse) von genau einem Lot. Das Lot bezeichnet in der Metallurgie eine alte Einheit für den Feingehalt von Edelmetallen. Als gebräuchliche Masseneinheit war es je nach Herrschaftsraum unterschiedlich schwer. In Köln, aus dessen Einflussbereich die Sammelhandschrift ja sehr

68 Zum alchemistischen Rezept als literarische Form: Herwig Buntz: Deutsche alchimistische Traktate des 15. und 16. Jahrhundert, Diss. München 1968, S. 62–67; Emil Ernst Ploss u.a.: Alchimia. Ideologie und Technologie, München 1970, S. 125.

wahrscheinlich stammen dürfte, entsprach eine Mark genau 16 Lot und damit 233,779 (oder auch 233,855) Gramm; ein Lot sind hier also knapp 15 Gramm.[69]

Mit dem ersten Bestandteil, *Salamonias*, ist Salmiak gemeint, der hier in verballhornter Form angegeben wurde. Salmiak ist eine ältere und volkstümliche Bezeichnung für Ammoniumchlorid (NH_4Cl), die seit dem 17. Jahrhundert bekannt ist und aus dem Zusammenziehen von *Sal ammoniacum* entstanden ist. Salmiak wurde als Lötmittel und als Zusatz bei der so genannten Zementation, dem Verfahren zum Scheiden von Gold und Silber, verwendet. Unter anderem wegen seiner Fähigkeit, die Oxidschicht von Metallen aufzulösen und dadurch Farbänderungen an der Oberfläche herbeizuführen, gehörte der Salmiak zu den seit jeher in der Alchemie verwendeten Substanzen. Er sollte unter anderem zur „Vervollkommnung der Metalle“[70] beitragen.

Ebenfalls ein verballhornter Fachterminus ist der zweite Bestandteil, *wijßs victoriale*, bei dem es sich um weißes Vitriol oder Zinksulfat handelt, ein Salz, das als Heptahydrat kristallisiert ($ZnSO_4 \cdot 7\,H_2O$). Vitriol ist eine veraltete Bezeichnung für die Sulfate der Schwermetalle; das Farbattribut ‚weiß‘ erlaubt die genauere Bestimmung als Zinksulfat. Die Verballhornung als *Victriol* oder *Victriolum* kommt – wenn auch erst mindestens ein halbes Jahrhundert später und in etwas anderer Formulierung – spezifisch innerhalb der Texttradition und Überlieferung der Werke von Basilius Valentinus vor.[71]

69 Zum Lot als Gewichtsmaß siehe: Fritz Verdenhalven: Alte Maße, Münzen und Gewichte aus dem deutschen Sprachgebiet, Neustadt an der Aisch 1968, S. 33 (Lemma „Lot“) und S. 34 (Lemma „Mark“).

70 Zu Salmiak siehe: Gerhard Brey: Salmiak, in: Claus Priesner und Karin Figala (Hgg.): Alchemie. Lexikon einer hermetischen Wissenschaft, München 1998, S. 317f.

71 Zu Vitriol siehe: Claus Priesner: Vitriol, in: Claus Priesner und Karin Figala (Hgg.): Alchemie. Lexikon einer hermetischen Wissenschaft, München 1998, S. 367f.

Basilius Valentinus ist das Pseudonym eines fiktiven Verfassers bedeutender alchemistischer Texte. Hinweise über den angeblichen Benediktinermönch, der im 14. oder 15. Jahrhundert gelebt haben soll, ergeben sich lediglich aus den unter seinem Namen erschienenen Schriften; davon unabhängige Hinweise sind nicht bekannt. Tatsächlich gilt inzwischen aber mit sehr hoher Wahrscheinlichkeit als erwiesen, dass der Herausgeber der ersten Basilius Valentinus-Schriften, Johann Thölde,[72] auch der Verfasser dieser Texte ist. Somit stammen die ersten Basilius Valentinus-Texte erst aus dem Ende des 16. oder dem 1. Viertel des 17. Jahrhunderts.[73] Schon chronologisch ist ein direkter textgeschichtlicher Zusammenhang deshalb über die gemeinsame, ähnliche Verballhornung des weißen Vitriols im (wesentlich früher entstandenen) Kölner Fechtbuch und der Basilius Valentinus-Tradition kaum herzustellen. Die Textidentität bleibt vage. Vielleicht ist die spezifische Verballhornung im vorliegenden metallurgischen Rezept reiner Zufall, vielleicht geht es mit der Basilius-Valentinus-Tradition auf gemeinsame, unbekann-

72 Thöldes Leben lässt sich nur in einigen wenigen Etappen rekonstruieren. Er stammt aus einer Familie, die über Generationen mit dem Salinenwesen in Thüringen als Anteilseigner verbunden war. Sein Geburtsjahr ist unbekannt, 1580 immatrikulierte er sich an der Erfurter Universität und heiratete 1599 die Tochter des Stadtkämmerers von Frankenhausen. Dort erwarb er das Bürgerrecht, wurde Anteilseigner (Pfannenherr) der dortigen Saline und folgte schließlich seinem Schwiegervater im Amt des städtischen Kämmerers. Um das Jahr 1608 hatte er – wenn vermutlich auch nur kurzzeitig – das Amt des Berghauptmanns inne und wurde damit der oberste Bergwerksbeamte des Fürstbistums Bamberg mit Sitz in Kronach. Er starb vermutlich vor dem 8. Mai 1624. Zu Johann Thölde siehe: Claus Priesner: Basilius Valentinus, in: Claus Priesner und Karin Figala (Hgg.): Alchemie. Lexikon einer hermetischen Wissenschaft, München 1998, S. 70–75, hier S. 73; ders.: Johann Thölde und die Schriften des Basilius Valentinus, in: Christoph Meinel (Hg.): Die Alchemie in der europäischen Kultur- und Wissenschaftsgeschichte, Wiesbaden 1986 (= Wolfenbütteler Forschungen 32) 1986, S. 107–118.

73 Spätere Veröffentlichungen stammen vermutlich von anderen Verfassern, die den hohen Bekanntheitsgrad von Basilius Valentinus ausnutzen wollten, siehe: Priesner, Basilius (Lexikon), S. 73.

te Vorlagen zurück, von denen beide Verfasser ihre Kenntnisse hatten.[74]

Die übrigen Bestandteile des Rezepts liefern wie schon der Salmiak überhaupt keine textgeschichtlichen Hinweise. *Spainsgroen*[75] – spanisches Grün, Spangrün oder vermutlich am besten bekannt als Grünspan – ist ein Kupfersalz aus Kupferacetaten unterschiedlicher Zusammensetzung, das in seiner Farbe von grün bis blau variieren kann. Es wurde hauptsächlich als Pigment in der (Buch-) Malerei, aber auch als so genanntes Chrysokoll zum Verlöten von Gold verwendet.[76] Der vierte Bestandteil ist *Salpeter* oder Kaliumnitrat (KNO_3), der hauptsächlich zur Herstellung von Schwarzpulver, als Ausgangssubstanz für Salpetersäure oder als oxidierender Zuschlag zur Reinigung von Metallen benutzt wurde.[77] Das Rezept gibt weiter an, die vier genannten Salze noch einer gefilterten Mischung von anderthalbmal soviel Silber wie Gold beizugeben (‚seigern'): *Seyer*[78] *nach*[79] *anderhalff so vyll sylbers als goltz.*

74 Zu Basilius Valentinus siehe: Claus Priesner: Basilius Valentinus und die Labortechnik um 1600, in: Berichte zur Wissenschaftsgeschichte 20 (1997), S. 159–172, insbesondere S. 159f.; ders., Basilius (Lexikon); ders., Johann.

75 *-groen* für ‚grün' ist moselfränkisch oder ripuarisch.

76 Zu Grünspan als Chrysokoll siehe: Lawrence M. Principe: Grünspan, in: Claus Priesner und Karin Figala (Hgg.): Alchemie. Lexikon einer hermetischen Wissenschaft, München 1998, S. 166f.; Claus Priesner: Chrysokoll(a), in: Claus Priesner und Karin Figala (Hgg.): Alchemie. Lexikon einer hermetischen Wissenschaft, München 1998, S. 100f.

77 Zu Salpeter siehe: Lawrence M. Principe: Salpeter, in: Claus Priesner und Karin Figala (Hgg.): Alchemie. Lexikon einer hermetischen Wissenschaft, München 1998, S. 318f.

78 *Seyer* ist Imperativ zu frühneuhochdeutsch *seigern*: versiegen lassen, seihen, filtern; vergleiche Christa Baufeld: Kleines frühneuhochdeutsches Wörterbuch. Lexik aus Dichtung und Fachliteratur des Frühneuhochdeutschen, Tübingen 1996, S. 216. Seigern meint einen Prozess zur Aufreinigung von Metallen. Aufreinigen bezeichnet jeden Vorgang, bei dem ein Produkt behandelt wird und anschließend mit höherer Reinheit hervorgeht. Vergleiche Arnold Frederik Hollemann und Egon Wiberg: Lehrbuch der anorganischen Chemie, 101., verb. und stark erw. Aufl., Berlin u.a. 1995, S. 961.

79 *nach* ist ‚noch' (mitteldeutsche Form).

Aufgrund der vier Salze, allen voran des als Chrysokoll zum Verlöten von Gold oder Silber geeigneten Grünspans und auch des Salmiaks, lässt sich das kurze Rezept unbestritten als metallurgischer Text interpretieren. Doch wofür war er gedacht? Der notizenhafte Kurztext – für sich betrachtet, obwohl er mit der Niederschrift wahrscheinlich aus seinem ursprünglichen Kontext gerissen wurde – könnte unterschiedlichen, metallurgischen Zielsetzungen gedient haben: Möglich, aber eher unwahrscheinlich ist, dass die Anweisung zur Härtung von Stahlklingen gedacht war, da im Rezept kein Stahl vorkommt, von keinem Prozess des Abkühlens oder Abschreckens des Stahls die Rede ist und Zink (Zn) und Kupfer (Cu) als Bestandteile zur Qualität eines Stahls nicht gerade beitragen würden.

Ebenfalls denkbar wäre eine Interpretation als Rezept zur Herstellung von Silber- und Goldverbindungen zur so genannten Ziselierung (Verzierung) von Blankwaffen wie Schwertern und Ähnlichem, doch reagiert weder Silber (Ag) noch Gold (Au) mit einem der angegebenen Salze; dafür sind sie zu edel. Denkbar wäre jedoch, dass ein Flussmittel hergestellt werden soll, mit dessen Hilfe der Schmelzpunkt von Substanzen heruntergesetzt werden kann, in diesem Fall von Silber und Gold (Schmelzpunkterniedrigung).

Gleichzeitig fände eine Aufreinigung statt, die sinnvoll wäre, wenn eine Reindarstellung einer Silber-Gold-Legierung erreicht werden soll. Der Silberanteil ist in diesem Fall zwar sehr hoch, wäre aber vielleicht gerade für eine Ziselierung angebracht. Da dem Rezept exakte Mengenangaben von Silber und Gold gänzlich fehlen und beide Elemente lediglich in ein Mengenverhältnis gesetzt wurden, dient das metallurgische Rezept höchstwahrscheinlich als eine solche Aufreinigung für die Silber-Gold-Legierung (obwohl die Mischung nicht typisch ist). Dafür sprechen die vier löslichen Salze und das Seigern dieser Mischung, aus der eine aufgereinigte Verbindung hervorgeht. Da dem Rezept jedoch der Kontext fehlt und es fragmentarisch überliefert zu sein scheint, muss eine endgültige

Klärung seines Zwecks offen bleiben; in das Fechtbuch fügt sich das Rezept trotzdem gut ein.

Die Verflechtung der Metallurgie (und ferner der Alchemie) mit dem Wissensgebiet der Fechtkunst erscheint gerade in den oben angesprochenen Bereichen des Stahlhärtens oder der Ziselierung von (Fecht-) Waffen naheliegend. Schon die ältesten deutschsprachigen Fechtlehren treten in einer Überlieferungsgemeinschaft unter anderem mit alchemistischen und metallurgischen Texten dieser Art auf. Sie legen dadurch anschaulich Zeugnis ab von der engen Verbindung zwischen den einzelnen Wissenschaften vor dem Hintergrund ihrer Anwendung, wie hier beispielsweise im Bereich des Kriegswesens – wenngleich die Fechtkunst im mittelalterlichen Wissenschaftskanon der *Artes mechanicae* zu den Hofkünsten (*theatrica*), nicht aber zum Bereich des Kriegswesens *(armatura)* zählt.[80]

Da ist zum einen die heute im Germanischen Nationalmuseum Nürnberg aufbewahrte Handschrift mit der Signatur 3227a. Sie ist im ostmitteldeutschen Sprachraum etwa um das Jahr 1389 entstanden und überliefert die ältesten erhaltenen Fechtlehren in deutscher Sprache. Als ihr Schreiber und Kompilator gilt der Kleriker Hanko

80 Einführend zur Fachliteratur der *Artes* im Mittelalter siehe: Haage/Wegner, S. 11–349. Einführend zur Alchemie des Mittelalters siehe: Bernhard Dietrich Haage: Alchemie im Mittelalter. Ideen und Bilder – von Zosimos bis Paracelsus, Zürich und Düsseldorf 1996; Haage/Wegner, S. 105–126. Einführend zur Metallurgie im Mittelalter siehe: Haage/Wegner, S. 104f. Zur Verflechtung der Alchemie mit anderen Wissensgebieten wie der Metallurgie siehe: Michael Horchler: Die Alchemie in der deutschen Literatur des Mittelalters. Ein Forschungsbericht über die deutsche alchemistische Fachliteratur des ausgehenden Mittelalters, Baden-Baden 2005 (= DWV-Schriften zur Medizingeschichte, Band 2), insbesondere S. 269–273. Zur Verbindung von Bergbau, Montanwesen und Alchemie siehe: Werner Soukup: Chemie in Österreich. Von den Anfängen bis zum Ende des 18. Jahrhunderts. Bergbau, Alchemie und frühe Chemie. Geschichte der frühen chemischen Technologie und Alchemie des ostalpinen Raumes unter Berücksichtigung von Entwicklungen in angrenzenden Regionen, Wien u.a. 2007 (= Beiträge zur Wissenschaftsgeschichte und Wissenschaftsforschung 7).

Döbringer. Der Codex zerfällt thematisch in zwei große Textgruppen, bestehend aus verschiedenen deutschen Fechtlehren einerseits und zahlreichen deutschen und lateinischen technologischen, medizinischen und alchemistischen Kleintexten und anonymen Rezepten andererseits. Insbesondere der mit lateinischen Einschüben verfasste deutsche Traktat „Vom Eisenhärten“ zeigt die Parallelen in den Überlieferungsgemeinschaften der Nürnberger und der Kölner Sammelhandschrift.[81]

Ebenfalls solche Parallelen im Überlieferungsverbund zeigt die zweitälteste, deutschsprachige Fechtlehre, nämlich der *modus dimicandi* des nicht weiter bekannten Magisters H. Beringois in dem Jenaer Manuskript G. B. f. 18a. Die Sammelhandschrift ist im ersten Viertel des 15. Jahrhunderts in Erfurt entstanden. Mit einem Umfang von lediglich zwei Spalten Länge ist die Fechtlehre des frankophonen Verfassers extrem und bis zur Unverständlichkeit verdichtet. Das Textensemble, in das sie unmittelbar eingebettet ist, besteht aus mehreren Kurztexten mit Beschwörungen, Rezepten und Trak-

81 Hans-Peter Hils: Von dem herten. Reflexionen zu einem mittelalterlichen Eisenhärtungsrezept, in: Sudhoffs Archiv. Vierteljahresschrift für Geschichte der Medizin und der Naturwissenschaften, der Pharmazie und der Mathematik 69 (1985), S. 62–75; Gundolf Keil: „Waffenhärtungstraktat“. In: Verfasserlexikon 10, 2. Aufl. (1999), Sp. 566f. Weiterführend zur Handschrift und zum Themenkomplex: Leng, Katalog, S. 16–18; Horchler, insbesondere S. 269f.; Rainer Leng: Döbringer, Hanko, in: Verfasserlexikon 11, 2. Aufl., (2004), Sp. 372–375; Trude Ehlert und Rainer Leng: Frühe Koch- und Pulverrezepte aus der Nürnberger Handschrift GNM 3227a (um 1389), in: Dominik Groß und Monika Reininger (Hgg.): Medizin in Geschichte, Philologie und Ethnologie. Festschrift für Gundolf Keil, Würzburg 2003, S. 289–320; Rainer Leng: Andreas der Jude, Jost von der Neißen und Niclas Preuß: Drei verhinderte „Verfasser“ eines Fechtbuches, in: Würzburger Medizinhistorische Mitteilungen 19 (2000), S. 209–220; Hils, Meister, S. 104–110; ders.: Fechtbuch und Medizin, in: Würzburger medizinhistorische Mitteilungen 1 (1983), S. 53–67; Wierschin 1965, S. 31–34.

taten, die allesamt – wie auch die Texte in der Kölner Handschrift – aus einer kriegerischen Textpraxis stammen.[82]

Weitere vergleichbare Fälle bilden vor allem jene Handschriften, in denen Fechtlehren gemeinsam mit dem so genannten *Bellifortis* Konrad Kyesers, dem wahrscheinlich wichtigsten kriegstechnischen Werk des Spätmittelalters, überliefert werden. Diese Handschriften aus dem 15. und 16. Jahrhundert sind oftmals durch zusätzliches Material aus Kriegstechnik, Alchemie, Bautechnik, (Veterinär-)Medizin und so weiter ergänzt.[83] Und noch im Paderborner Exemplar des (weitgehend) anonymen Frankfurter Fechtbuchs, das zwischen etwa 1530 und 1558 in insgesamt vier Auflagen in der Offizin Christian Egenolffs gedruckt wurde, spiegeln sich die Anknüp-

82 Irina Denissenko: Beschwörungen und Segen, in: Christoph Fasbender (Hg.): „bescheidenheit“. Deutsche Literatur des Mittelalters in Eisenach und Erfurt. Katalog zur Ausstellung der Universitäts- und Forschungsbibliothek Erfurt/Gotha in der Universitätsbibliothek Erfurt vom 22. August bis 13. Oktober 2006, Gotha 2006, S. 72f. (S. 73 Abbildung von fol. 122v); Bettina Klein-Ilbeck und Joachim Ott: Die Handschriften der Thüringer Universitäts- und Landesbibliothek Jena, Bd. II: Die mittelalterlichen lateinischen Handschriften der Signaturreihen außerhalb der Electoralis-Gruppe, Wiesbaden 2009, S. 180–184. Eine Edition der Fechtlehre ist in Vorbereitung: Matthias Johannes Bauer: Der *modus dimicandi* des Magisters H. Beringois in ThULB Jena, Ms. G. B. f. 18a. Der zweitälteste deutschsprachige Fechttraktat und sein Verhältnis zur Lehre Johannes Liechtenauers, vsl. in: Medium Aevum Quotidianum 59 (2009), in Vorb.

83 Leng, Katalog, Nr. 38.2.6, Wolfenbüttel, Herzog-August-Bibliothek, Cod. Guelf. 78.2 Aug. 2° (Norddeutschland, ca. 1465–1480), Nr. 38.3.3, Gotha, Universitäts- und Forschungsbibliothek Erfurt/Gotha, Chart. A 558 (süddeutsch, nach 1443), Nr. 38.3.4, København, Kongelige Bibliotek, Thott 290 2° (südwestdeutsch, 1459), Nr. 38.8.1, Augsburg, Stadtarchiv, Reichsstadt, Schätze 82 (Augsburg, 1553), Nr. 38.9.4, Erlangen, Universitätsbibliothek, B 26 (Amberg?, 1510), Nr. 38.9.12, Wien, Österreichische Nationalbibliothek, Cod. 5278 (olim Ambras 228; Süddeutschland, Teil I ca. 1420–1430, Nachtrag 1428, Teil II eventuell geringfügig älter). Weiterführend zu den *Bellifortis*-Handschriften Rainer Leng: Ars belli. Deutsche taktische und kriegstechnische Bilderhandschriften und Traktate im 15. und 16. Jahrhundert, 2 Bände, Wiesbaden 2002 (= Imagines medii aevi, Bd. 12/1 und 2), darin insbesondere Band I, S. 109–149.

fungspunkte der Fechtkunst mit anderen Wissensgebieten wider. So enthält das Konvolut neben der Erstauflage des Fechtbuches mit dem Titel *Der Allten Fechter gründtliche Kunst* weitere drei Titel medizinischen und rechtsliterarischen Inhalts.[84]

Die fünfteilige Fechtlehre

Die Kölner Handschrift ist mit ihrem ‚interdisziplinären' Textkorpus also absolut kein Einzelfall, wenngleich solche Überlieferungsgemeinschaften bei weitem nicht die Regel sind. Häufiger nämlich sind solche Fechtlehren monographisch angelegt worden oder im monothematischen Überlieferungsverbund lediglich mit weiteren Traktaten zur Fecht- und Ringkunst erhalten.[85]

Im Kölner Fall ist das Ensemble von Zweikampftraktaten fünfteilig angelegt worden. Es weicht abgesehen von einer einzigen in der Fachliteratur selten behandelten Waffe, dem Schweinespieß, nicht weiter von den typischen und andernorts überlieferten Zusammenstellungen ab: Das Fechten im langen Schwert, die Ringlehre, die Fechtlehre im (langen) Messer, das Fechten im Schweinespieß und schließlich das Stangenfechten geben gemeinsam einen repräsentativen Querschnitt durch die Teilbereiche der damaligen Fechtkunst.

Fechtlehre im langen Schwert

Den inhaltlichen Schwerpunkt im Kölner Fechtbuch setzt ganz offensichtlich die Fechtlehre im langen Schwert. Dafür spricht zuerst die Anlage der gesamten Handschrift, innerhalb derer die Lehre im langen Schwert (abgesehen vom nachgetragenen metallurgischen

84 Paderborn, Erzbischöfliche Akademische Bibliothek, Signatur Th 6136, Zum Egenolffschen beziehungsweise Frankfurter Fechtbuch bereitet der Vf. eine Monographie vor. – Die enge Verbindung zwischen Medizin und Fechtkunst zeigt sich auch an der Schnittmenge beider Technolekte, da die Fachsprache der Fechter Begriffe der Anatomie aufgreifen muss (siehe Glossar).

85 Zum aktuellen Stand der erfassten Fechthandschriften siehe Anm. 13. Die dort genannten Werke geben Übersichten über die Überlieferungssituationen der Handschriften.

Rezept) prominent an erster Stelle steht. Außerdem übersteigt der verhältnismäßig große Umfang von etwa zwölfeinhalb Seiten die übrigen Traktate schon rein quantitativ; der zweitlängste Text ist immerhin rund ein Drittel kürzer.

In keinem weiteren Text innerhalb des Codex erleichtern rubrizierte Binnengliederungen die Orientierung und das Verständnis. Der Text nämlich wird in zwei separate Abschnitte unterteilt: Auf fol. 2r *hebet sich aen der text vnd zedell ym langen sweerd* und eine Seite später, auf fol. 2v, *volget nach der text vnd gloysz dar na man hewen sael.* Die Begrifflichkeiten *zedell* und *gloysz* greifen das oben bereits geschilderte Verhältnis von Text und Kommentar anschaulich auf. Sie erinnern zwar unweigerlich an die Tradition der Fechtlehre des berühmten Johannes Liechtenauer, doch entstand der Kölner Traktat bewiesenermaßen „außerhalb der Liechtenauerschen Tradition“[86]. Er steht mit der Anweisung *streck dy arm fry [,] wastu dan fichts [,] das wapent sich* (fol. 2r) „sogar im direkten Widerspruch zu Liechtenauer, der um dieser Fechtweise willen die ‚leych meistere‘ verachtet“[87] – deren dilettantische Schwertkunst nämlich gehörte *nicht czu ernsten fechten, zonder czu schulfechten* (Schaufechten)[88]. Vielleicht entstammte der anonyme Verfasser der Kölner Fechtlehre ja dieser letztgenannten Gruppe.[89]

Über all die oben dargelegten Signale einer prägnanten Vorrangstellung hinaus ist die Lehre vom langen Schwert außerdem als einziger Teil der Handschrift um eine Schemazeichnung ergänzt worden (fol. 2v), die inhaltliche Aspekte veranschaulichen soll; abgesehen von den Marginalzeichnungen die einzige Illustration in

86 Wierschin, S. 24, siehe auch Schmitt, Sp. 712f.

87 Hils, Meister, S. 70. Zu den ‚leych meistere‘ siehe ebd., S. 109.

88 Nürnberg, Germanisches Nationalmuseum, Handschrift 3227a, fol. 14v, zitiert nach Hils, Meister, S. 307.

89 Einen Hinweis in diese Richtung steuert auch die Fachlexik bei, da im gesamten Kölner Fechtbuch immer wieder der aus der Theatersprache stammende Terminus *bossen* (siehe Glossar) entgegentritt. Zur sozialen Stellung der Fechter siehe weiterführend Anm. 30.

der gesamten Handschrift. Sie steht, anders als die Marginalzeichnungen, in unmittelbarem und direktem Bezug zum Fechtbuch. Sie zeigt, so der unmittelbar auf die Skizze folgende Text, auf welche Weise Schwerthiebe am Gesicht des Gegners anzubringen sind:

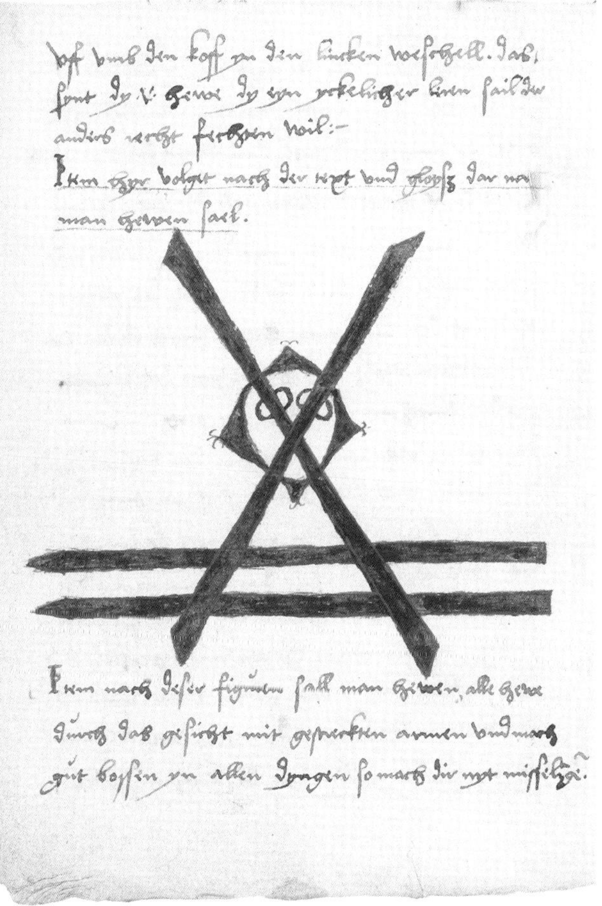

Vff vnd den kopf zu den lincken wechselt. das sint dy v. hewe dy eyn yetzlicher liben sal der anders recht fechten wil:-
Item hye volget nach der text vnd glosß dar nach man hawen sal.

Item nach dieser figuren sall man hawen alle hewe durch das gesicht mit gesterkten armen vnd mach gut bossen zu allen dyngen so mach dir nyt misselingen.

Item nach deser figuren sall man hewen, alle hewe durch das gesicht mit gestreckten armen vnd mach gut bossen yn allen dyngen so mach dir nyt misselingen.

Diese – in ihrer Ausführung doch recht schlichte – Schemazeichnung bleibt, wie das Kölner Fechtbuch als Gesamtwerk, überlieferungsgeschichtlich einmalig. Es sind keine vergleichbaren, parallelen Überlieferungen einer solchen oder ähnlichen Zeichnung bekannt.

Sofern Fechtbücher nicht als reine Texthandschriften, sondern als bebilderte Codices konzipiert wurden (was in knapp 50 frühneuhochdeutschen Handschriften der Fall ist), enthalten sie in gut 98 Prozent nur ein einziges Bildthema: Zwei Personen im Zweikampf.[90] Schlagdiagramme, die als Schemazeichnung angelegt und wie im Fall des Kölner Fechtbuchs dem Text zur Illustration beigegeben wurden, bilden folglich die große Ausnahme. Sie kommen aber ab dem 16. Jahrhundert vor allem im romanischen Sprachraum vermehrt vor und verbreiteten sich rasch über das neue Medium des gedruckten Buchs auch im deutschsprachigen Raum. Damals fanden Humanisten und Künstler der Renaissance an der theoretischen und wissenschaftlichen Seite der Fechtkunst Gefallen und so hielt bald sowohl eine starke mathematische Geometrisierung als auch die Umsetzung anatomischer Proportionsstudien Einzug in die Traktate – sie erinnern mal mehr, mal weniger an Leonardo da Vincis berühmt gewordene Proportionsstudie des vitruvianischen Menschen.[91] Im Übrigen nahmen die Bewegungen

90 Leng, Katalog, S. 1f.

91 Einführend: Haage/Wegner, S. 17; Rolf Gehlen: Welt und Ordnung. Zur soziokulturellen Dimension von Raum in frühen Gesellschaften, Marburg 1995, S. 212 mit Anm. 9. Weiterführend: Anselm Schubert: Die Entwicklung der frühneuzeitlichen Fechtkunst in Europa, in: Rebekka von Mallinckrodt (Hg.): Bewegtes Leben. Körpertechniken in der Frühen Neuzeit, Wolfenbüttel 2008, S. 341–351; Matthias Johannes Bauer: Die unbekannte illustrierte Fechthandschrift des Hugold Behr. Vorbemerkungen zur Edition von Rostock UB Mss. var. 83 (16. Jhd.), in: Medium Aevum Quotidianum 55 (2007), S. 80–85, darin insbesondere S. 83–85; Gary Chelak: Italian Circle Theory. A Study of the

der Fechtkunst auch den entgegengesetzten Weg und fanden als Motive ebenso Einzug in die Zeichenstudien großer Meister wie beispielsweise Albrecht Dürer.[92]

Ab dem 15. Jahrhundert tritt das Textprogramm in den deutschsprachigen Fechthandschriften oftmals so weit hinter das Bildprogramm zurück, dass es in Extremfällen zu kurzen Bildbeischriften verkommt oder völlig ausfällt.[93] Die beiden, zeitweise parallel laufenden Traditionen von Text- und Bildhandschriften vereinigen sich erst ab dem 16. Jahrhundert wieder.[94] Das Kölner Manuskript darf trotz der einen singulären Zeichnung getrost als (reine) Texthandschrift angesprochen werden und gehört nicht zu letztgenannter Handschriftengruppe.

Wenngleich es immer wieder Abweichungen vom sprachlichen Schema gibt, machen häufig wiederkehrende und formelhaft wir-

---

Applied Geometry of the Italian Renaissance, in: Stephen Hand (Hg.): Spada 2. Anthology of Swordsmanship, Highland Village, Texas (USA) 2005, S. 77–89. Zum Topos der Geometrisierung des Menschen siehe: Rudolf zur Lippe: Naturbeherrschung am Menschen, 2 Bde., 2. Aufl., Frankfurt/Main 1979.

92 Ausgabe: Friedrich Dörnhöffer: Albrecht Dürers Fechtbuch, in: Jahrbuch der Kunsthistorischen Sammlungen des Allerhöchsten Kaiserhauses 27 (1907/09), 2, S. I–LXXXI. Weiterführend: Mathias F. Müller: Albrecht Dürer und das Kunstleben am Kaiserhof Maximilians I., und ders.: Das Ring- und Fechtbuch (Kat.-Nr. 151), beide Beiträge in: Klaus Albrecht Schröder und Maria Luise Sternath (Hgg.): Albrecht Dürer, Wien 2003, S. 89–101 und S. 443–445; Alexander von Reitzenstein: Das Werk: Die Befestigungslehre – das Fechtbuch, in: Albrecht Dürer 1471-1971. Ausstellung des Germanischen Nationalmuseums Nürnberg 21. Mai bis 1. August 1971, 3. Aufl., München 1971, S. 355–363; Hans Rupprich (Hg.): Dürer. Schriftlicher Nachlass, Band 3: Die Lehre von menschlicher Proportion: Entwürfe zur Vermessungsart der Exempeda und zur Bewegungslehre; Reinschriftzyklen; der ästhetische Exkurs, die Unterweisung der Messung. Befestigungslehre. Verschiedenes, Berlin 1969, S. 427–432 und Tafel 95; Walter L. Strauss: The complete Drawings of Albrecht Dürer. Volume 3: 1510–1519, New York 1974, S. 1314–1317; ders.: The complete Drawings of Albrecht Dürer. Volume 5: Human Proportions, New York 1974, passim.

93 Leng, Katalog, passim.

94 Haage/Wegner, S. 259.

kende Strukturelemente den Text spätestens ab fol. 4r ausgesprochen monoton. Er wirkt – und das ist geradezu typisch für die Struktur solcher Fechtbücher – über weite Strecken wie eine reine Aufzählung von Fachbegriffen, die anschließend erklärt werden (beispielsweise auf fol. 4v):

Item eyn stuck heyst der schilder. den schilder vernym also [:] schyl lincks vnd slach rechs, vnd schil rechst vnd slach lincks. so veruerß du den man mit dem gesicht des frewet her sych nycht.

Absatz um Absatz lemmatisiert der anonyme Verfasser den Text nach genau diesem imperativischen Muster, das auf die Formel gebracht werden kann: ‚Fachbegriff X. Den Fachbegriff X verstehe folgendermaßen: Mache Y'. Ein systematisches Ordnungsprinzip ist dabei jedoch nur selten erkennbar, nämlich ausschließlich dann, wenn ausnahmsweise einem Fechtstück auch ein Bruch beigeordnet wurde, so auf fol. 5r/v bei *sprech vinster*, *gulden hewe* und *dryangel*, um ein markantes Beispiel einer solchen hierarchischen Struktur (rechts absteigend dargestellt) zu zeigen:

Item eyn stuck heyst der sprech vinster. [...]
    – Item eyn broch komt vß der sprech vinster. [...]
Item eyn stuck heyst der gulden hewe. [...]
    – Item eyn broch ouer den gulden hewe. [...]
Item eyn stuck heyst der dryangel. [...]
    – Item eyn broch vuer den dryangel. [...]

Besonders gut nachzuvollziehen ist diese für frühneuhochdeutsche Fechtlehren übliche Art der Textstrukturierung bei der Handschrift Hans Czynners, die 1538 in Passau entstanden ist.[95] Dort lassen sich solche sinnvollen Abfolgen von „Lehreinheiten und darauf bezogenen Abwehrtechniken"[96] zum Teil bis in die fünfte Unterebene nachvollziehen.

95 Ausgabe: Ute Bergner und Johannes Giessauf (Hgg.): Würgegriff und Mordschlag. Die Fecht- und Ringlehre des Hans Czynner (1538). Universitätsbibliothek Graz Ms. 963, Graz 2006.

96 Ebd., S. 21–24.

Im Verhältnis zu dieser Handschrift ist die Kölner Fechtlehre mit ihren wenigen, höchstens zweistufig angelegten Sequenzen verhältnismäßig simpel strukturiert. An einer Stelle ist sie sogar redundant und wiederholt den schon aus der ältesten Liechtenauer-Überlieferung bekannten und danach recht konsequent tradierten Merkvers *erschrecks du gern keyn fechten nummer enlern* von fol. 3r auf fol. 6v: *erschrecks du gerne keyn fechten nummer enlern*. Doch schreibt die Liechtenauer-Überlieferung üblicherweise eine Kontraktion von Verb und enklitischem ‚Du', nicht jedoch den zusätzlichen proklitischen Negationspartikel,[97] also zum Beispiel: *Irschrikstu gerne / keyn fechten nymmer lerne.*[98] Gerade hier, in der Varianz der Negation mit proklitischem Partikel (*enlern*), macht sich wieder

97 Die mehrfache Verneinung (Polynegativität) hatte, lässt man den heutigen Gebrauch in Mundarten unberücksichtigt, mindestens bis ins 17. Jahrhundert keine aufhebende, sondern eine verstärkende Funktion. Vergleiche hierzu einführend: Gerhard Philipp: Einführung ins Frühneuhochdeutsche. Sprachgeschichte – Grammatik – Texte, Heidelberg 1980 (= Uni-Taschenbücher 822), S. 129, und Otfried Ehrismann: Der Weg zur Hochsprache: Mittelhochdeutsch/Frühneuhochdeutsch. Eine Einführung, Hohengehren 2007 (= Deutschunterricht Grundwissen Literatur 1), S. 169.

98 Das Zitat entstammt der ältesten bekannten Überlieferung (ca. 1389), nämlich Nürnberg, GNM, Hs. 3227a, fol. 18v, zitiert nach David Lindholm: Cod.HS.3227a or Hanko Döbringer fechtbuch from 1389. Translation and transcription, Malmo (Sweden) 2005, *http://www.thearma.org/Manuals/Dobringer_A5_sidebyside.pdf*, S. 13. Vergleiche hierzu die Tradierung des Verses bis ins 16. Jahrhundert, so beispielsweise in Dresden, SLB, Mscr. Dresd. C 487 (1. H. 15. Jh.), Ausgabe: Wierschin, S. 88, S. 99f., S. 168; in Rom, Corsiniana, 44.A.8 (datiert 1452), Ausgabe: Dierk Hagedorn: Peter von Danzig. Transkription und Übersetzung der Handschrift 44 A 8, Herne 2008 (= Bibliothek der Historischen Kampfkünste 2), S. 8; oder in Hans Czynners Fechtbuch von 1538, Graz, UB, Ms. 963, Ausgabe: Bergner/Giessauf, S. 296, hier ebenfalls mit starker dialektaler Färbung: *erschryeckstu gern, kheyn fechten lernn.*

der westmitteldeutsche Sprachstand der Kölner Handschrift bemerkbar.[99]

Das Kölner Fechtbuch steht wie bereits mehrfach angesprochen überlieferungs- und rezeptionsgeschichtlich isoliert. Der Sachverhalt der Textvarianz könnte nun ins Feld geführt werden, um der Textgenese nachzuspüren und die eigenständige, von der Liechtenauerschen Traditionen und ihren Derivaten unabhängige Entstehung des Kölner Fechtbuchs einmal mehr zu untermauern. Es ließe sich nämlich die Vermutung äußern, dass eine direkte Übertragung des Merkverses aus einer möglichen süddeutschen/hochdeutschen Vorlage in diesem Fall wahrscheinlich so nicht zu erwarten gewesen wäre.[100] Das Ripuarische in den Fachtexten des 16. Jahrhunderts entregionalisierte sich schließlich bereits stark und orientierte sich zunehmend süddeutsch/hochdeutsch (siehe oben). Warum sollten also Verse aus der Vorlage, die bereits der Zielvarietät entsprechen, damals noch ins Ripuarische übertragen werden?

Ironischerweise folgt auf den Merkvers noch im selben Absatz jene Textstelle, über die sich am stärksten ein Bezug zu konkreten Handschriften der übrigen Überlieferung frühneuhochdeutscher Fechtbücher herstellen lässt (fol. 3r):

Wer fechten will der sall haben eyn hertz alsz eyn lewe vnd sall also scharff seen alsz eyn valck vnd sall also behende syn alsz eyn vogel.

Diese in Prosa formulierte Tierallegorie – zumindest die beiden ersten genannten Tiere Löwe und Falke – erinnert an die Darstellung einer allegorischen Fechterfigur in den Fechtbüchern Paulus Kals, der am bairisch-pfälzischen Hof im Dienste Herzogs Lud-

99 Grundlegend: Franzjosef Pensel: Die Satznegation, in: Gerhard Kettmann und Joachim Schildt (Hgg.): Zur Ausbildung der Norm der deutschen Literatursprache auf der syntaktischen Ebene (1470–1730). Der Einfachsatz, Berlin 1976 (= Bausteine zur Sprachgeschichte des Neuhochdeutschen 56,1. Zur Ausbildung der Norm der deutschen Literatursprache 1), S. 285–326, darin S. 297, S. 299, S. 301 und insbesondere S. 306f.

100 Vergleiche hierzu Anm. 98.

wig IX. des Reichen (1445-1479) stand.[101] Sie zeigt als „Merkbild“[102] einen nahezu nackten Mann mit Falkenkopf, Hirschfüßen

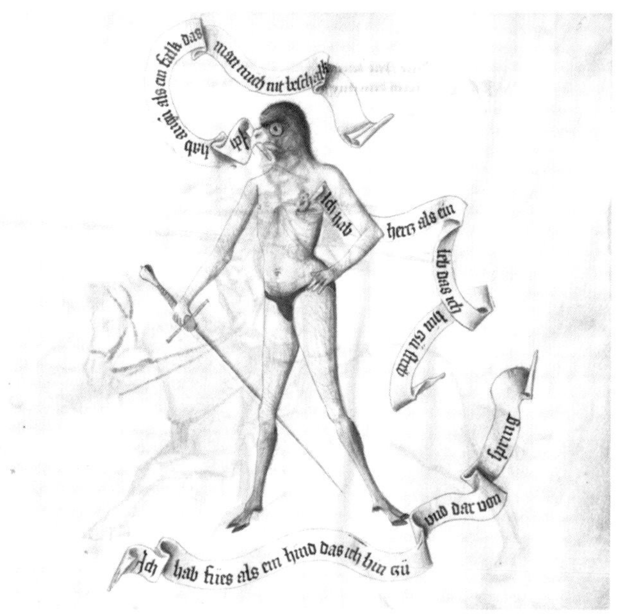

101 Einführend: Volker Schmidtchen: Kal, Paulus, in: Verfasserlexikon 4, 2. Aufl. (1983), Sp. 964–966; Haage/Wegner, S. 261f.; Leng, Katalog, S. 63–73 (Abbildung der Fechterallegorie auf Tafel VII), darin insbesondere die Beschreibungen der Handschriften Nr. 38.5.1 und Nr. 38.5.3, jeweils mit ausgeführten Spruchbändern, sowie Nr. 38.5.2 und Nr. 38.5.4 mit jeweils unvollständigen Spruchbändern.

102 Friedrich Kobler, unter Mitarbeit von Alexander von Reitzenstein: Fechtbuch, in: Reallexikon zur Deutschen Kunstgeschichte 7 (1981), Sp. 905–916, hier Sp. 907 (Abbildung und Bildunterschrift). Weiterführend: Michael Curschmann: Facies peccatorum – Vir bonus: Bild-Text-Formeln zwischen Hochmittelalter und früher Neuzeit, in: ders.: Wort – Bild – Text. Studien zur Medialität des Literarischen in Hochmittelalter und früher Neuzeit, Band 1, Baden-Baden 2007 (= Saecvla Spiritalia 43), S. 193–225.

und Löwenherz, der in seiner rechten Hand ein Schwert hält, und versinnbildlicht die Tugenden eines Fechters.

In den Spruchbändern, von denen die Figur oberhalb, rechts und unterhalb umgeben wird, heißt es in gebundener Rede:[103]

Ich hab augen als ein falk das man mich nit beschalk
Ich hab hercz als ein leb das ich hin czü streb
Ich hab fües als ein hind[104] *das ich hin czü vnd dar von spring*

Die Ähnlichkeiten zwischen dem (reinen) Textprogramm der Kölner Handschrift und dem (kombinierten) Text- und Bildprogramm der Handschriften Paulus Kals sind auffällig. Doch Paulus Kals Fechterallegorie wird in den Fechtbüchern des 16. Jahrhunderts nicht weiter rezipiert[105] und eine text- und überlieferungsgeschichtliche Verbindung zwischen seinen Handschriften und dem Kölner Manuskript lässt sich trotz der motivischen Verbindung nicht stichhaltig beweisen. Derartige Allegorien sind indes ebenfalls aus italienischen Fechthandschriften des 15. Jahrhunderts bekannt – wenngleich auch in völlig anderer Form und Zusammenstellung.[106]

---

103 Ausgabe: Christian Henry Tobler: In Service of the Duke. The 15th century fighting treatise of Paulus Kal, Highland Village (Texas, USA) 2006, darin S. 19 und S. 202. Die Ausgabe Toblers bietet einen Vierfarbvollabdruck der Handschrift München, BSB, Cgm 1507, jedoch mit unzulänglicher Transkription. Sie ist im Zitat auf Basis der Abbildung berichtigt. Auf die allegorische Fechterfigur in der Gothaer Handschrift, bei der die Verse in den Spruchbändern nicht ausgeführt wurden, wird kurz eingegangen bei Wolfgang Stammler: Allegorische Studien, in: Deutsche Vierteljahrsschrift für Literaturwissenschaft und Geistesgeschichte 17, 1 (1939), S. 1–25, darin S. 10 und Abbildung 3 auf Tafel II.

104 Hirschkuh.

105 Leng, Katalog, S. 64f.

106 Heidemarie Bodemer: Das Fechtbuch. Untersuchungen zur Entwicklungsgeschichte der bildkünstlerischen Darstellung der Fechtkunst in den Fechtbüchern des mediterranen und westeuropäischen Raumes vom Mittelalter bis Ende des 18. Jahrhunderts, Diss. Stuttgart 2008, *http://elib.uni-stuttgart.de/opus/volltexte/2008/3604/pdf/Fechtbuch.pdf*, darin zu Paulus Kals

Zusammenfassend fanden sich innerhalb dieses einzigen Absatzes sowohl vage Hinweise für als auch wider eine (unbekannte) Vorlage des Kölner Fechtbuchs, insbesondere hochdeutscher/süddeutscher Provenienz beziehungsweise aus dem weiteren Umkreis der Liechtenauerschen Handschriftentradition. An dieser Textstelle wären die Befunde gerade aufgrund der insgesamt relativ guten Forschungslage der Fechtlehren im langen Schwert vielversprechend, die Textgenese und Überlieferungsgeschichte wenigstens andeutungsweise rekonstruierbar zu machen. Und gerade der Korrektureingriff in die Absatzreihenfolge am Ende von fol. 7v und am Anfang von fol. 8r beweist, dass der anonyme Schreiber zumindest eine sehr konkrete Vorstellung von seiner Textkomposition gehabt haben musste, wenn diese Textstelle nicht sogar als stichhaltiges Indiz für die Existenz einer schriftlichen Vorlage gewertet werden darf. Doch es bleiben zu viele Fragen offen, um konkrete Verbindungen herzustellen. Die Kölner Fechtlehre im langen Schwert bleibt überlieferungsgeschichtlich einmalig, ihre Textgenese unbekannt.

Ringlehre

Die Ringlehre im Kölner Fechtbuch erstreckt sich nur über knapp dreieinhalb Seiten. Rainer Welle hat sie im Jahr 1993 in seiner Monographie zum Ringkampf im 15. und 16. Jahrhundert intensiv untersucht.[107] Der Traktat kann keiner bekannten Texttradition zugeordnet werden. Er steht wie die übrigen Texte isoliert innerhalb der Überlieferungsgeschichte frühneuhochdeutscher Ringlehren, wenngleich die Techniken zum Teil auch aus anderen Handschriften

Fechterallegorie insbesondere S. 127–129. Zu den Allegorien in den italienischen Fechthandschriften aus dem 15. Jahrhundert im Vergleich zu Kals Handschriften siehe einführend: Tobler, S. 202 mit Abbildung: Fiore dei Liberi (Anfang 15. Jahrhundert) verwendet abgesehen vom Bild des Löwen andere Tierallegorien (weitere Katzen, Elefant).

107 Deshalb hier und im Folgenden grundlegend: Welle, S. 139f.

bekannt sind. Die Kölner Ringlehre als Ganzes ist „aufgrund ihres geringen Umfanges und technischen Niveaus [...] wenig aussagekräftig“[108].

Entgegen den meisten übrigen Ringhandschriften ist im Kölner Manuskript keine Einführung in das taktische Verhalten beim Ringkampf enthalten. Lediglich die Bedeutung und Wichtigkeit einer stabilen Ausgangsstellung wird eingangs betont: *Wan du wylt ryngen so setz dyn lyb yn de wage* (fol. 10v), das heißt ins stabile Gleichgewicht.[109]

Das folgende Prinzip von den *vyer swech vnd iiij sterck* (fol. 10v) macht den Kölner Traktat innerhalb des frühneuhochdeutschen Quellenkorpus zur Ringkunst einzigartig:

Item vyer swech vnd iiij sterck dy vernym also an beyden elbogen vnd an beyden kneen da yst der man swach vnd starck an dem elbogen by den knuchell. hynden an dem knee bogen das synt de swech vnd vur dem knee vnd vur den elbogen das synt dy sterck

Das dahinter erkennbare Grundprinzip basiert auf Kenntnissen anatomischer und biomechanischer Sachverhalte, wenngleich auch nicht tief greifenderes Verständnis derselben vorausgesetzt wird. Der anonyme Verfasser schreibt lediglich vor, „jeden Griff an den Schwachpunkten der Gelenke anzusetzen“[110]. Warum diese doch recht banale Theorie einzig in diesem Text, nicht aber in anderen Handschriften Niederschlag fand, bleibt unklar; vielleicht war es den übrigen Verfassern und Schreibern schlichtweg zu trivial. Im Kölner Fechtbuch bilden diese Überlegungen dennoch den „Mittelpunkt der Lehre“[111]. Nicht ein einziges Mal wird von dem oben angesprochenen Grundsatz abgewichen, konsequent wird an der *ouer swech*, der *vnder swech*, der *mytell swech* oder der *kleynner swech* gefasst.[112]

108 Welle, S. 139.
109 Vergleiche ebd., S. 139.
110 Ebd., S. 139.
111 Ebd., S. 139.
112 Ebd., S. 140.

Das markante Kennzeichen der Ringlehre im Kölner Fechtbuch, das hatte Rainer Welle bereits herausgestellt, ist die deutliche Betonung einer äußerst ökonomischen Arbeitsweise.[113] Ihr liegt das Prinzip zugrunde, alle Griffe immer an jenen Stellen ansetzen zu lassen, wo der Gegner den geringsten Widerstand aufbauen kann und somit selbst der geringste Kraftaufwand geleistet werden muss. Welle betont, es gäbe innerhalb der Überlieferung des 15. und 16. Jahrunderts „genügend Beispiele, wo in den anderen Lehren diesem Grundsatz zuwider gehandelt wird“[114].

Im Anschluss an die fünf beschriebenen technischen Fertigkeiten, allesamt reine Verteidigungshandlungen, betont der Verfasser die Bedeutung der Ringkunst als Grundlage der folgenden Waffenlehren im (langen) Messer, im Schweinespieß und in der Stange:

Item wer macht syn konst gemessen. vnd dy vnuergessen. vnd helt syn swert yn hoyt. der yst vur ander. iij. ym streydt guett

Fechtlehre im (langen) Messer

Unter dem Begriff des Messers, das in der Kölner Fechtlehre als dritte genannte Waffengattung angeführt wird, versteht das Mittelalter grundsätzlich jegliche Form von Blankwaffe mit einschneidiger Klinge und asymmetrischem Handgriff, unabhängig von der Klingenlänge, also vom Haushalts-, Küchen- und Tafelmesser bis zur Zweikampfwaffe.[115] Innerhalb spätmittelalterlicher und frühneu-

113 Welle, S. 140.

114 Ebd., S. 140.

115 Zum Terminus „Messer“ im Mittelalter hier und im Folgenden: O. Gamber: Messer, in: Lexikon des Mittelalters VI (1999), Sp. 560f.; E. Meinicke: Messer, in: Reallexikon der germanischen Altertumskunde 19 (2001), S. 607f.; Jacob Grimm und Wilhelm Grimm: Deutsches Wörterbuch, 16 Bde. [in 32 Teilbänden], Leipzig 1854–1960, siehe dort unter dem Lemma „Messer“, 4. messer, als waffe. Einführend zum Messerfechten: Jeffrey Hull: Knightly Dueling. The Fighting Arts of German Chivalry, Boulder (Colorado, USA) 2008, S. 186f.

zeitlicher Fechtlehren bezeichnet der Fachterminus Messer jedoch ausschließlich eine Waffe von schwertartiger Länge, das so genannte lange (Streit-) Messer.

Die Fechtlehre im Messer ist der einzige der fünf Teilbereiche des Kölner Fechtbuches, den der anonyme Verfasser ausdrücklich als *ritterliche konst* (fol. 13r) bezeichnet, ein Attribut, das andernorts in der Überlieferung oftmals dem Fechten im langen Schwert, nicht aber dem Fechten im Messer zugewiesen wurde.[116] Trotzdem steht der Text (wie oben beim langen Schwert bereits ausgeführt) nicht an prominenter erster Stelle in dem Manuskript und bildet in der Handschrift auch nur den zweitlängsten Teilbereich. Eine Schemazeichnung ist hier ebenfalls nicht beigegeben. Einzig über das Attribut wird der Text aufgewertet.

Was diese Erhöhung der Messerfechtlehre im Kölner Fechtbuch als *ritterliche konst* bewirken soll, bleibt unklar. Von der allgemeinen Einschätzung, das Messerfechten sei eine (rein) „bürgerliche"[117] Disziplin, wurde von der Forschung inzwischen wieder Abstand genommen. Geblieben ist jedoch, dass das Messerfechten „gerade auch im Stadtbürgertum gepflegt" wurde und „keine ausschließlich höfische Disziplin"[118] war. Vor diesem Hintergrund stellt die Betonung der Kölner Messerfechtlehre als *ritterliche konst* funktional jedenfalls eine wahrscheinlich stark gesellschaftlichspolitisch moti-

116 Auch wenn diese Aufzählung keinen Anspruch auf Vollständigkeit erheben kann, so finden sich bei Leng immerhin acht Handschriften und fünf Frühdrucke, die dem Fechten allgemein oder häufiger mit dem langen Schwert das Attribut ‚ritterlich' beistellen (keine Nennung in Verbindung mit dem Messer). Eine weitere Nennung bezieht sich auf das berittene Kämpfen. Siehe Leng, Katalog, darin die Handschriftenbeschreibungen Nr. 38.1.1, 38.1.2, 38.5.4, 38.7.1, 38.7.5, 38.8.1, 38.8.3, 38.8.4, 38.9.9 sowie die Beschreibungen der Drucke Nr. 38.10.d, 38.10.f, 38.10.h, 38.10.i und 38.10.j.

117 Diese Aussage basiert maßgeblich auf Wierschin, S. 28, und wird kurz diskutiert bei Müller, Bild, S. 255, Anm. 23. Zur gesellschaftlichen Stellung der Fechter im Mittelalter siehe oben, Anm. 30.

118 Müller, Bild, S. 255.

vierte, deutliche Umkodierung dar. Vielleicht steckt eine spezielle Rezipienten- oder Gruppenausrichtung, vielleicht ein identitäts- und gemeinsschaftsstiftender Vorsatz des Verfassers dahinter. Solche Überlegungen müssen jedoch Spekulation bleiben, da die Handschrift keine weiteren Hinweise in die eine oder andere Richtung gibt. Der Sachverhalt der Aufwertung schenkt der Kölner Messerfechtlehre jedenfalls ein interessantes, einzigartiges Charakteristikum, das aus der übrigen Überlieferung zum Fechten im Messer nicht bekannt ist.

Die wirkungsreichste Messerfechtlehre des Mittelalters geht auf Hans Leckūchner (gest. 1482) zurück.[119] Er hatte in Leipzig und Heidelberg studiert und wurde Priester. Als Autographen gelten zwei Handschriften, von denen eine mit über 400 Zeichnungen reich illustriert ist. Seine Lehre wurde stark rezipiert. Einige nicht illustrierte Textüberlieferungen und Bearbeitungen sind aus dem 16. Jahrhundert erhalten, eine solche Handschrift stammt sogar noch aus dem 15. Jahrhundert. Dazu kommen weitere Teilabschriften. Leckūchners Messerfechtlehre gilt als Vorlage für das Albrecht Dürer zugeschriebene Fechtbuch und sein weithin bekannter Name musste noch in der zu Lebkhommer verballhornten Form im bereits erwähnten Franfurter beziehungsweise Egenolffschen Fechtbuch herhalten, obwohl dieses weder im Text- noch im Bildprogramm in unmittelbarem Bezug zu seiner Überlieferung steht. Kurz vor der Mitte des 16. Jahrhunderts wurde der Text sogar ins Lateinische übersetzt. Die Messerfechtlehre in der Kölner Handschrift ist jedoch weder dieser breiten Überlieferungs- und Rezeptionsgeschichte noch einer anderen Texttradition zuzuordnen.[120]

119 Auch: Johannes, auch: Lebkūchner, Leckkochner, Lekkurchner, Lebkhomer. Grundlegend im Folgenden: Leng, Katalog, S. 73–77; Haage/Wegner, S. 261; Müller, Hans, passim; Hans-Peter Hils: Leckūchner, Hans, in: Verfasserlexikon 5, 2. Aufl., (1985), Sp. 641–644.

120 Hils, Meister, S. 70; Hils, Leckūchner, S. 642f.

Gegen Ende der Messerfechtlehre, d.h. ab fol. 16v, wird der Text thematisch und inhaltlich inkonsequent. Weitere Waffen kommen ins Spiel. Gerade war noch davon die Rede, dem Gegner den Arm zu brechen und das Messer abzunehmen: *so brychstu ym den arm vnd nymst ym das meßer* (fol. 16v). Plötzlich folgt *eyn fry stuck ym kortzen degen* (fol. 16v). Der Begriff Degen ist heute semantisch verschoben; hier und in zahlreichen zeitgenössischen Fechtbüchern wie beispielsweise bei Hans Czynner (1538) bezeichnet der Kampf mit dem *degen* nämlich das Dolchfechten.[121]

Der Wortlaut der letzten Absätze der Kölner Fechtlehre im Messer bleibt ungenau, ob es sich nun um ‚Stücke' handelt, in denen sich jetzt beide Kontrahenten jeweils im Dolch gegenüberstehen oder ob lediglich der Kontrahent des bisherigen Messerfechters nun auf einmal mit einem Dolch agiert, es sich also um einen Abschnitt zum Fechten mit ungleichen Waffen handelt.[122] Dafür spricht der letzte Absatz (fol. 17r), das *gut stuck ouer eynen wyrfspeyß* (Wurfspieß), in dem der Text die Anweisung gibt, dem Gegner, der den Wurfspieß führt, *mit dem messer na der hant* zu schlagen. Dem Absatz Messer versus Wurfspieß folgt passenderweise die Fechtlehre im Schweinespieß.

Fechten im Schweinespieß

Auf die Gesamtheit der bekannten frühneuhochdeutschen Fechtlehren betrachtet nehmen Traktate über das Fechten mit dem Schweinespieß (Saufeder, Jagd- oder Bärenspieß) eine äußerst randständige Stellung ein. In der Summe scheinen sie in der Überlieferung keine Rolle zu spielen.

Das Kölner Fechtbuch ist eine von nur zwei erhaltenen mittelalterlichen und frühneuzeitlichen Schriftquellen zum Umgang mit

121 Bergner/Gießauff, S. 25f.

122 Solche Ausführungen zum Fechten in ungleichen Waffen waren nichts Ungewöhnliches; siehe unten im Text zum Fechten im Schweinespieß.

einem Schweinespieß als Zweikampfwaffe zu Fuß, doch bleiben die Ausführungen dort sehr kurz: Innerhalb des Manuskripts umfasst die Abhandlung nicht einmal eine ganze Seite (fol. 20v). In den Referenzwerken zum gesamten Quellencorpus frühneuhochdeutscher Fecht- und Ringbücher finden sich keine Hinweise, dass diese im Zusammenhang des Zweikampfes so merkwürdig anmutende Waffengattung jenseits des kurzen Textes in der Kölner Fechthandschrift und den ebenfalls recht spärlichen Ausführungen in den drei doppelbändigen Kompendien des Augsburger Ratsdieners Paulus Hector Mair (1517 bis 1579) aus der Zeit um 1542–47 überliefert ist.[123]

Mair war ein bis zur Obsession getriebener Sammler von Fechthandschriften, die er sich „zum Teil auf unredlichem Weg“[124] besorgte. Im Jahr 1579 wurde er hingerichtet, weil der Bücherliebhaber seine Sammelleidenschaft unter anderem „mit Griffen in die Augsburger Stadtkasse“[125] finanzierte. Mair schuf unter anderem drei doppelbändige, jeweils viele hundert Blatt starke Fechtbücher, von denen eine deutschsprachig,[126] eine lateinisch[127] und eine bilingual teils seriell, teils synoptisch lateinisch-deutsch[128] angelegt wurde: „Sie vereinigen nahezu alles greifbare Bildmaterial“[129] und gelten als umfassende Sammlungen zur Fecht- und Ringkunst der damaligen Zeit.

123 David James Knight und Brian Hunt: Polearms of Paulus Hector Mair, Boulder (Colorado, USA) 2008, S. 159, die das Kölner Fechtbuch anscheinend nicht gekannt haben, fassen die Überlieferung zusammen: „Two of the polearms – boar spear and javelin – are not depicted elsewhere“ (d.h. anderswo als bei Mair). Vergleiche hierzu Anm. 13.

124 Leng, Katalog, S. 91.

125 Ebd.

126 Dresden, Sächsische Landsbibliothek – Staats- und Universitätsbibliothek, Mscr. Dresd. C 93 und 94.

127 München, Bayerische Staatsbibliothek, Cod. icon. 393, 2 Bde.

128 Wien, Österreichische Nationalbibliothek, Cod. 10825 und 10826.

129 Leng, Katalog, S. 92.

In allen drei Kompendien Paulus Hector Mairs taucht der Schweinespieß, den er lateinisch als *Venabulum* (Jagdspieß) bezeichnet, auf.[130] Wie auch im Kölner Fechtbuch ist dieser Waffengattung (im Fußkampf) nur minimaler Platz eingeräumt worden; Mair legt den Umgang mit dem Schweinespieß nur auf zwei bis drei Seiten in den Handschriften dar.[131] Dabei behandelt Mair in den Kapiteln über das Fechten mit ungleichen Waffen (lat: *Varia arma contra variis armis*)[132] zweimal den *schwein spieß gogen der hellenparten*[133] (lat.: *Venabuli habitus contra bipennem*)[134]. *Ein stuck in dem rapier gegen dem schwein spies*[135] (lat.: *Habitus ex ense hispano contra venabulum*)[136] beschreibt er an anderer Stelle (siehe Abb. S. 63).

Ein Rapier als gegnerische Waffe wird in der Kölner Fechtlehre im Schweinespieß überhaupt nicht behandelt. Doch eine schnell ins Auge stechende Paralle zwischen Mairs Texten und denen in der anonymen Kölner Fechthandschrift ist der Sachverhalt, dass beide Traktate dem Schweinespieß eine Hellebarde gegenüber stellen, wenngleich im Kölner Fall auch nur optional: *mit dem swynspeyß ader helbartten.* Darüber hinaus haben beide Lehren aber wenig inhaltliche Gemeinsamkeiten. Text- oder überlieferungsgeschichtliche Zusammenhänge lassen sich nicht unterstellen.

---

130 Edwin Habel und Friedrich Gröbel: Mittellateinisches Glossar, Paderborn u.a. 1989 (= Uni-Taschenbücher 1551), unveränderter Nachdruck der 2. Auflage 1959, Sp. 420.

131 Der Kampf zu Fuß mit dem Schweinespieß wird in der Dresdener Handschrift C 93 auf foll. 232r und 232v, in der Wiener Handschrift 10826 auf foll. 19r, 19v und 121v sowie im ersten Band der Münchener Handschrift auf foll. 188v, 222r und 222v behandelt. Die wenigen Erwähnungen im Zusammenhang mit dem berittenen Kampf sind hier ausgenommen.

132 Knight/Hunt, S. 159, zitiert nach der Münchener Handschrift, fol. 14v.

133 Knight/Hunt, S. 168, zitiert nach der Dresdener Handschrift C 93, fol. 232r.

134 Knight/Hunt, S. 168, zitiert nach der Wiener Handschrift 10826, fol. 19r.

135 Knight/Hunt, S. 176, zitiert nach der Wiener Handschrift 10826, fol. 121v.

136 Ebd.

HABITVS EX ENSE HISPANO CONTRA VENABVLVM.

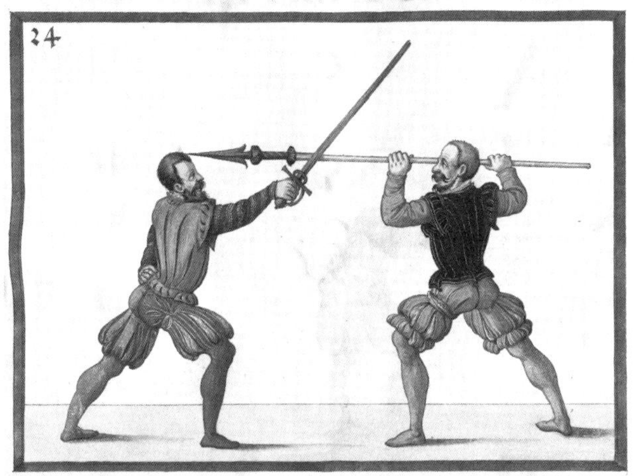

IN mutuo congressu hoc modo te adaptes, sinistrũ pedem contra hostem colloces, atq uenabulo hostis uisum uel pectus pungas. Verũ si is eodem habitu utatur, dextrũ pedem te preponente ensem hispanũ continens, tũc obuiã ferias, ipius punctioni, atq iuxta cuspidem uenabuli eũ adplices, inde si sinistrorsum represseris, punctione eius auertisti, atq post uenabulũ de parte priori corripias. Quod si is tuũ corripere conabitur, uenabulo retracto, de hostis latere sinistro uersus dextrũ, pectus pungito seu uisũ. Sin uero aduersarius pari modo idest gemina punctione te fuerit adgressus, tũ ense hispano dextrorsum repellas, postea sinistro pede intrò concedas, mediaq hasta ipius adprehendas, et celeriter uisum ipius fodias. Sin aũt id is remouerit, tum ab ipsius hasta transmutabis, inde si in triangula prosilieris caput hostis ferias.

Paulus Hector Mair, De Arte Athletica, BSB, Cod. Icon. 393 (1), fol. 188v.

Da die Kölner Fechthandschrift abgesehen von der Schemazeichnung auf fol. 2v über kein Bildprogramm verfügt, beschreibt der Verfasser ein Detail der korrekten Handhaltung sehr ausführlich, das bei Mair nur am Bild abzulesen ist: *kere den kleynnen fynger gegen den kneyffell* (Knebel). Jene Hand, die den Schweinespieß in der Mitte hält und dadurch führt, soll also mit dem kleinen Finger in Richtung der Knebel gerichtet sein. Diese zum etwa 30 bis 45 Zentimeter langen Blatt des insgesamt rund 2,5 Meter messenden Spießes quer liegenden Knebel verhindern, dass diese Art von Spießen zu tief in den Körper des Jagdtieres oder in diesem Fall des Gegners eindringen kann.[137] Der Formulierung folgend zeigt der Daumen also zu jenem Ende der Waffe, die dem Gegner beziehungsweise der Stichrichtung entgegengesetzt ist. Dem anonymen Verfasser schien dies besonders erwähnenswert.[138]

Mair dagegen geht – wörtlich! – nicht darauf ein, wie herum die Hand zu halten ist, sondern stellt dies in den Bildern deutlich erkennbar dar: Eine Hand hält den Schweinespieß etwa in der Mitte des Schafts, um die Waffe zu führen, die andere Hand umfasst den Schaft am hinteren Ende oder zumindest im hinteren Drittel. Mair beschreibt die Handhaltungen und Fußstellungen immer wieder und dabei wesentlich genauer, als das im Kölner Fechtbuch der Fall ist, zum Beispiel: *stannd mit deinem lincken füoß vor unnd halst dein speiß mit deiner rechten hand aüf deiner rechten seiten / dein lincke mitten Inn der stangen gogen dem man* und so weiter.[139] Dagegen

137 Maße nach Knight/Hunt, S. 159.

138 Zur Problematik der korrekten Handhaltung historischer Stangenwaffen (vor allem der Stange) siehe Paul Wagner: Inside, Outside, Left Foot, Right Foot: assumptions of Handedness in Weapons of the Staff, in: Stephan Hand (Hg.): Spada. Anthology of Swordsmanship. In Memory of Ewart Oakeshott, Union City (CA, USA) 2002, S. 99–106, und David Lindholm: Fighting with the Quarterstaff. A Modern Study of Renaissance Technique, Highland Village (Texas, USA) 2006, S. 27–30.

139 Knight/Hunt, S. 168, zitiert nach der Dresdener Handschrift C 93, fol. 232r.

erscheinen Angaben zu Stellungen und Bewegungen im Kölner Manuskript als reine Nebensächlichkeit.

Bei aller Kürze der Ausführungen ist der Traktat zum Schweinespieß im Kölner Fechtbuch dennoch von einem nicht zu unterschätzenden Quellenwert für den Historiker. Denn nicht nur in der Fechtliteratur des Mittelalters und der Frühen Neuzeit spielt der am Ende des 15. Jahrhunderts zur Kriegführung sogar verbotene Schweinespieß lediglich eine stark untergeordnete Rolle,[140] sondern auch in den deutschsprachigen Jagdtraktaten der Zeit finden sich nur sehr wenige Ausführungen zum Gebrauch und zur Handhabung des Schweinespießes als Jagdgerät.[141]

Die wichtigste Quelle für diese Thematik ist das Jagdbuch des Petrus de Crescentiis in seinen deutschsprachigen Übersetzungen des 14. und 15. Jahrhunderts.[142] Petrus wurde 1230/33 in Bologna geboren, studierte dort zunächst Medizin und Naturwissenschaften, dann Jura. Er arbeitete als Jurist und Sachwalter für mehrere norditalienische Städte, bevor er sich 1299 auf sein Landgut zurückzog und ein landwirtschaftliches Handbuch verfasste, das er

140 Alfred Schaetzle: Zur Geschichte der Jagd in der Schweiz, in: Gottfried Schmid (Hg. der deutschsprachigen Ausgabe): Die Jagd in der Schweiz, Genf und Winterthur 1951f., S. 248–258, hier S. 254.

141 Eine Übersicht über die Nennungen gibt David Dalby: Lexikon of the Mediaeval German Hunt. A Lexicon of Middle High German terms (1050–1500), associated with the Chase, Hunting with Bows, Falconry, Trapping and Fowling, Berlin 1965. Zur deutschsprachigen Jagdliteratur des Mittelalters und der Frühen Neuzeit jüngst: Martina Giese: Graue Theorie und grünes Weidwerk? Die mittelalterliche Jagd zwischen Buchwissen und Praxis, in: Archiv für Kulturgeschichte 89, 1 (2007), S. 19–59. Einführend: Haage/Wegner, S. 166–177; Peter Assion: Altdeutsche Fachliteratur, Berlin 1973 (= Grundlagen der Germanistik 13), S. 121–133; Gerhard Eis: Mittelalterliche Fachliteratur, 2., durchges. Aufl., Stuttgart 1967, S. 29–34.

142 Ausgabe: Kurt Lindner: Das Jagdbuch des Petrus de Crescentiis. In deutschen Übersetzungen des 14. und 15. Jahrhunderts, Berlin 1957. Grundlegend zu Leben und Werk des Petrus de Crescentiis: William C. Crossgrove: Petrus de Crescentiis, in: Verfasserlexikon 7, 2. Aufl., (1989), Sp. 499–501.

um 1305 fertigstellte. Im zehnten Buch ist der Umgang mit dem Schweinespieß kurz erklärt: Der Spieß wird mit dem hinteren Ende fest in das Erdreich gedrückt, um größeren Widerstand erzeugen zu können. Der gejagte Eber wird von Hunden in Richtung des Jägers gehetzt, läuft beim Angriff auf denselben direkt in dessen Schweinespieß hinein, verletzt sich sofort tödlich oder kann schwer verletzt schließlich mühelos getötet werden.[143]

Petrus de Crescentiis starb 1320 oder Anfang 1321. Die erhaltenen Handschriften der älteren deutschen Übersetzung stammen aus der zweiten Hälfte des 15. Jahrhunderts; die Vorlage wird aber wesentlich älter sein. Die jüngere deutsche Übersetzung wurde 1493 in Speyer gedruckt, der bis 1531 vier Nachdrucke folgten. Eine Verwendung des Schweinespießes jenseits der Jagd, nämlich als Zweikampfwaffe, so wie sie Paulus Hector Mair und der anonyme Verfasser des Kölner Fechtbuchs kannten, ist in beiden Übersetzungen nicht erwähnt.

Stangenfechten

Nur etwa doppelt so umfangreich wie das Fechten im Schweinespieß sind *dy iiij anbynd ym stangen*,[144] dem bei einem Umfang von etwa anderthalb Seiten zweitkürzesten Teil des Kölner Fechtbuchs (foll. 21v und 22r). Schwierigkeiten bereitet hier schon die genaue Bedeutung des Fachterminus *stange*, da sich losgelöst vom Kontext ohne Abbildung oder weitere Beschreibungen nicht unmittelbar erklärt, welche Art von Stange gemeint ist.[145]

143 Lindner, S. 107f. und S. 149.

144 Das Anbinden findet statt, wenn sich die Waffen der Kontrahenten berühren.

145 In Frage kommen neben der Bedeutung als Überbegriff für Stangenwaffen allgemein sowohl eine kurze als auch eine lange Stange. Zur Problematik des Fachterminus *stang(e)* siehe: Lindholm, Fighting, S. 1–25, insbesondere S. 17 mit Anm. 1f.; Knight/Hunt, S. 9 und S. 55.

Der Begriff *stange* ist im Gegensatz zu allen übrigen hier behandelten Waffen als einziges Lexem ein fachsprachlicher Terminus für eine Zweikampfwaffe, der gleichzeitig in einer viel allgemeineren Bedeutung auch in der Gemeinsprache vorkommt und wenig konkret einfach einen beliebigen, länglichen Gegenstand aus Holz oder Metall bezeichnet. Historisch ist der (Fach-) Begriff Stange darüber hinaus in unterschiedlichen Soziolekten und Technolekten vielfach belegt, zum Beispiel in der Jägersprache als Bezeichnung für einen Teil des Geweihs.[146]

In den Fechtlehren der Zeit bezeichnet der Begriff *stange* einen hölzernen Schaft mit einer Gesamtlänge von etwa 1,8 bis etwa 2,5 Metern, je nach Körpergröße des Fechters.[147] Der Durchmesser der *stange* steht in unmittelbarer Beziehung zur individuellen Handhabung, denn sie muss für den Einzelnen vor allem bequem zu greifen sein.

Für den anonymen Verfasser der Fechtlehre im so genannten Frankfurter oder Egenolffschen Fechtbuch, zwischen etwa 1530 und 1558 in vier Auflagen in der Frankfurter Offizin Christian Egenolffs gedruckt, liegt im *Fechten in der Stangen* eine besondere Bedeutung, da sie *ein Vrsprung ist viler wehre / als Langspieß / Scheftlin / helmpartten vnd zuber stangen &c.*[148] Weiter wird darin gesagt: *Die Stangen hat acht versatzungen / Vier im anbinden / oben zwo / vnd vnden zwo / vnd zů beden seitten eine in ieder hand / vnd zwo mitten in der stang.*

146 Grimm/Grimm, siehe dort unter dem Lemma „Stange", 4. Übertragene Gebrauchsweisen.

147 Zur Beschaffenheit der *stange* siehe Lindholm, Fighting, darin insbesondere das Kapitel The Physical Staff, S. 18–23.

148 Grundlegend: Lindholm, Fighting, S. 173–203; Gustav Hergsell: Die Fechtkunst im XV. und XVI. Jahrhunderte, Prag 1896, S. 494–496. Zum Egenolffschen beziehungsweise Frankfurter Fechtbuch bereitet der Vf. eine Monographie vor.

Das Stangenfechten in der Kölner Handschrift ergänzt *dy iiij anbynd ym stangen* um je ein *stuck* in den beiden oberen Anbindungen und ein *stuck* in der unteren rechten Anbindung. Insgesamt bleibt der Kölner Text ein kurzer, wenig umfangreicher Traktat zum Fechten in der Stange.

Zusammenfassung

Die Fechthandschrift aus den verschütteten Beständen des Historischen Archivs der Stadt Köln wurde im Zusammenhang mit ihrer wissenschaftlichen Erstedition umfassender als bisher kodikologisch, sprachwissenschaftlich und inhaltlich untersucht.

Während das Manuskript bislang auf die Zeit um 1500 datiert wurde, sprechen der zweimal auftretende Wasserzeichentypus und paläographische Merkmale für einen sowohl großzügigeren, als auch etwas späteren Datierungsansatz, nämlich in das erste Drittel des 16. Jahrhunderts. Ausstattungsmerkmale wie das Niveau der Schriftgestaltung und ihrer Auszeichnungen sowie die schlichte Schemazeichnung zeigen, dass das Kölner Fechtbuch eine klassische Gebrauchshandschrift, wahrscheinlich auch für den mobilen Gebrauch, war. Davon zeugen ebenso die (freigehaltenen?) Leerseiten nach den einzelnen Traktaten und das Kopert, das bislang als Blatt aus einem lateinischen Evangeliar des 13. Jahrhunderts identifiziert wurde. Im Zuge der neuen Untersuchungen war es jedoch ebenfalls neu zu bewerten: Dem Umschlag liegt ein makuliertes Lektionar zu Grunde, das jetzt auf die zweite Hälfte des 12. Jahrhunderts vordatiert werden muss. Sowohl die Leerseiten, die wahrscheinlich für sukzessive Ergänzungen vorgesehen waren, als auch das Kopert gelten darüber hinaus als Hinweise, dass der Inhalt noch nicht endgültig zusammengestellt war.

Der Sprachstand der Handschrift ist ripuarisch und deutsch, doch erschwert die niederdeutsche und hochdeutsche Mischsprachlichkeit des Ripuarischen gerade im 16. Jahrhundert genauere Analysen, als sich das Ripuarische zunehmend (süddeutsch/hochdeutsch) entregionalisierte. Diese dialektalen, sprachgeschichtlichen Entwicklungen überlagern fach- und gruppensprachliche Eigenheiten ebenfalls süddeutscher/oberdeutscher Prägung. Eine genauere sprachgeographische Eingrenzung innerhalb des ripuarischen Kölner (Groß-) Raums ist deshalb ebenso wenig möglich, wie die (über die kodikologische und paläographischen Befunde bestimmte) Datierung ins 1. Drittel des 16. Jahrhunderts schärfer zu fassen.

Die Kölner Fechthandschrift ist fünfteilig aufgebaut (langes Schwert, Ringlehre, Fechtlehre im langen Messer, Fechten im Schweinespieß, Stangenfechten) und enthält auf fol. 1v ein nachgetragenes metallurgisches Rezept. Die Verflechtung der Metallurgie (und ferner der Alchemie) mit dem Wissensgebiet der Fechtkunst liegt nahe; derartige Überlieferungsgemeinschaften sind keine Seltenheit und aus anderen (Sammel-) Handschriften bekannt. Auch die Zusammenstellung der Fecht- und Ringtraktate in der Kölner Handschrift ist kein Sonderfall, sieht man vom Schweinespieß als Zweikampfwaffe ab. Der Schweinespieß (Saufeder) ist ansonsten nur aus den drei doppelbändigen Kompendien (ca. 1542-47) des Augsburger Ratsdieners Paulus Hector Mair bekannt, wo er eine äußerst randständige Stellung einnimmt; beide Texte haben sich überlieferungsgeschichtlich absolut unabhängig voneinander entwickelt. Ganz ähnlich gelagert ist die Situation auch bei den übrigen Traktaten: Der anonyme Verfasser des Kölner Fechtbuchs widerspricht im Zusammenhang mit dem Fechten im langen Schwert dem berühmten Meister Johannes Liechtenauer (14. Jahrhundert) geradezu, auf dessen Lehre die meisten aller bekannten Überlieferungsgruppen von Zweikampflehren direkt oder indirekt zurückgehen. Und seine Ringlehre ist der einzige bekannte Traktat, der Kenntnisse anatomischer und biomechanischer Kenntnisse voraussetzt und sie selbst innerhalb einer äußerst ökonomischen Arbeitsweise zumindest soweit umsetzt, dass alle Griffe stets an den Schwachpunkten der Gelenke ansetzen. Insgesamt stehen die fünf in der Kölner Fechthandschrift enthaltenen Traktate inhaltlich völlig abseits aller bisher bekannten Überlieferungsgruppen von Zweikampflehren. Trotzdem zeigen sie typische, traditionsübergreifende Merkmale frühneuhochdeutscher Fechtbücher, beispielsweise in der Verwendung von Merkversen, in der Wortbildung und Art der Fachbegriffe, in Struktur und im inneren Aufbau.

Summary

When the Historical Archive of Cologne ('Historisches Archiv der Stadt Köln') collapsed on March 3 this year, it buried almost all archival materials under it in a huge crater. Meanwhile, about 85 per cent of the archival documents have been recovered – but they are still far from being saved. One of the lost items is an anonymous manuscript from the first third of the 16th century (former datings: about 1500) containing treatises on wrestling and fencing with different weapon forms such as the longsword ('langes Schwert', with one illustration showing how to strike the opponent's face), the falchion ('langes Messer'), the boar spear ('Schweinespieß', 'Saufeder') and the staff ('Stange'). On fol. 1v, a short metallurgical recipe can be found as an addendum. All in all, the Cologne fencing treatise was a manuscript for everyday usage, and due to its small size intended, presumably, for mobile use. Besides, there is some indication that this compilation was open for further additions: each treatise is followed by blank pages kept free for further notes, and the volume is bound in an original limp vellum binding ('Kopert'), removed from a Latin codex of the second half of the 12th century (former datings: 13th century) and used as a temporary book cover, and so on.

All texts were penned on paper in the 16th-century's dialect written and spoken in the Greater Cologne area ('Ripuarisch'), but here and there it is intermingled with (southern) Early Modern High German phrases and technical terms. Thus, it is not possible to bring more light to the manuscript's provenance on the basis of its language; but what we know is that it must be regarded as an independent product, uninfluenced by the widespread tradition of the famous German fencing master Johannes Liechtenauer and his environment. There is evidence that the Cologne manuscript is unique in a number of aspects: first, concerning the longsword, the anonymous writer of the Cologne fencing treatise contradicts Liechtenauer's position in some respects. Second, the anonymous is the only known medieval wrestling master who considers knowledge of anatomy an essential requirement for wrestling. Third, while the boar spear is usually employed for boar hunting, its use as a combat weapon is solely known from two treatises: the Cologne fencing manuscript and the extensive fencing compendia by Paulus Hector Mair (Augsburg, ca. 1542-47, three manuscripts in two volumes each). Both texts were produced independently from each other, and there is no connexion between the Cologne fencing treatise and any of the other known fencing manuscripts. All parts of the Cologne manuscript are unique within the entire corpus of medieval and Renaissance fencing and wrestling treatises, yet at the same time they show typical genre characteristics: the use of mnemonic verses and technical terms, their internal thematic and argumentative structure, and so on.

B. ABBILDUNGEN

Die farbigen Abbildungen geben das Kölner Fechtbuch ohne Größenverzerrung wieder. Sie zeigen die Handschrift also in ihrer Originalgröße.

Leerseiten werden abgedruckt, sofern nicht zwei solcher unbeschriebener Seiten im aufgeschlagenen Manuskript einander gegenüber liegen. Daraus folgt, dass die unbeschriebenen Doppelseiten (nicht Blätter!) foll. 8v/9r, 9v/10r, 17v/18r, 18v/19r und 22v/23r nicht abgebildet werden. Abgedruckt ist dagegen die Rückseite des (beidseitig) unbeschriebenen Blattes 19, also fol. 19v, da ihm die Federproben auf fol. 20r gegenüber liegen, es sich also zwar um ein leeres Blatt, nicht aber um eine leere Doppelseite handelt. Für eine Übersicht über die Leerseiten der Handschrift siehe oben (Tabelle S. 36).

sabbatum in illo die. Dicebant iudei illi qui sanus fuerat
sabbatum est non licet tibi tollere grabattum tuum. Respo
eis. Qui me fecit sanum ille mihi dixit. Tolle grabattum
et ambula. Interrogaverunt ergo eum. Quis est ille homo
dixit tolle grabattum tuum et ambula. Is autem qui sanus
fuerat effectus nesciebat quis esset. Ihesus autem declinavit turba
constituta in loco. Postea invenit eum in templo et dixit
ecce sanus factus es iam noli peccare ne deterius tibi ali
contingat. Abiit ille homo et nuntiavit iu
esset qui fecit eum sanum. Sabbato in xii

tuus resurgat ·

the · secessit inpartes tyri et sidonis · Et ecce m

bus illis egressa · clamauit dicens ei · Miserere

filia mea male a demonio uexatur · Qui no

· Et accedentes discipuli eius · rogauerunt eu

tte eam · quia clamat post nos · Ipse autem resp

nisius · nisi adoues que perierunt domus isr

adorauit eum dicens · Domine · adiuua me ·

st bonum sumere panem filiorum · et mittere

Etiam domine · Nam et catelli edunt de micis ·

1

Salamonias j loitt
Weysses victoriale j loitt
Spanschgrun j loyt
Salpeter j loytt
Seye nach anderthalff so vyll sylbers
als golts

Hye hebet sich an die text vnd zedell ym lan-
gen swerd Zum ersten mach gude bossen vnd
sterck dy arm syn wassen dan ficht das wapel sich.

Item dy V. hewe vernym also, den over hewe
van der rechten achselen myt langer snyden vnd
mach bossen myt dem lincken voess des glichen
yst auch der linck over hewe mach bossen myt
dem rechten voess vnd hawe myt der langen
snyden durch yn dem kopf yn stertz:

Item hewe vber vmb durch yn den kopf yn scheytel
vnd widder vmb durch yn den kopf yn stertz, vnd
leg das swert vff den ruck lass es sencken
vff dy rechten schincker den knouf gegin den
man vnd den ort hinder sich so komstu yn den
rechten myttel hewe. Hewe vur etwas vmb
den kopf yn den lincken myttel hewe, vnd bid
der vmb yn den kopf yn dy rechte wechsel myt
langen snyden widder myt der kortzen snyden.

vff vmb den kopff zu den lincken wechsell. das
sint dy v. hewe dy eyn yetzlicher liben sal der
anders recht fechten wil:-

Item hye volget nach der text vnd glosz dar na
man hawen sal.

Item nach disser figůren sall man hawen, alle hewe
důrch das gesicht mit gesterckten armen vnd mach
gůt bossen zu allen dyngen so mach dir nyt misse

Item hye nach volget der zedell des langen
swerts wapen stark wilt dyben das fecht myt
gantzem libe beyd unden und oben dy zwei dyg
dyb stark das will ich loben.

Item erschreckst du gern keyn fechten nummer lern,
Wer fechten will der sall haben eyn hertz als eyn
lewe und sall al so scharff seen als eyn valck
und sall also behende syn als eyn vogel.

Item dy vyer bloss ym swerd nemen also, dy zwo
over bloss am haupt dy ander zwo underbloss
zo beyden syten under deen armen.

Item dy veyr leger nemen al so. lege das swert
uff dy rechte aschel und setz dyn lyff yn wage myt
guden bossen des glyeden ist auch der henck over
leger stell den rechten voss vur.

Das rechte under leger nym also stell den lyn
ken voss vur und lege das swert myt dem geholtz

Vff das rechte beyn den ort dem man gigent das
gesicht, des glich ist aüch der linck vnder leger ke-
er das swert dem ort dem mann gegen das gesicht.

Item dy vier an bynde ym swert vernym also
bynde ym an myt der kortzen snyden an dy lincken
oüer bloß trydt vort vnd bynd ym myt der lan-
gen snyden an dy rechte oüer bloß tryt vort
vnd slage ym nach der lincken vnder bloß myt
der kortzen snyden vnd tryt vort vnd slage ym
nach der rechten vnder bloß myt der flech.

Item eyn stück heyst der flegel bynde ym oüen mit
der kortzen snyden vnd slage ym nach der rech-
ten vnder bloß mit langer snyden. vnd bald myt
der kortzen nach der oüer bloß vnd kere dürch
von dem man yn das lincke vnder leger.

Item eyn stück heyst das verzocking. do als wul-

sü ym recht anbinden vnd bynd ym linckß an vnd
do als woltstu ym lynckß an bynden vnd bynde ym
rechtß an vnd ghewe dich starck myt der langen syn
den van dem man yn den lyncken vnder lyget so bist
du nicht bloeß zo vinden.

Item eyn stuck heyst der durch weschell. sy van
beyden syten so machstu deß mans woil beyden
vnd ghewe myt schnyden sy van eyner bloeß zo
der anderen so machst du frolich wanderen.

Item eyn stuck dy ysern porte geheyssen. lege dich yn
daß lynck vnder lyger vnd laeß den ort synckem
vff dy erde vnd ghewe den slagell hewe vnd spryng vff vß d
rechten syten vür yn schrolt vnd vß der lincker
syten wider vff yn sprinz so komstu vß der ysern
porten yn den gassen ghewe.

Item eyn stuck heyst der pluck. den pluck beruß

al so wendt vß dem rechten leger yn den lincken
vnd vß dem lincken widder yn rechten so sichstu
was der man vff dych dryben will ader spricht
her du kanst yn brechen:–

Item eyn stuck heyst der alber. den alber vernym
also kere den ort yn dy lucht vnd halt den schilt
vur den kopf was der man slecht van dach das
kan man dar nyt brechen:–

Item eyn stuck heyst der schilder. den schilder ver
nym also schyl lincks vnd slach rechts, vnd schil
recht vnd slach lincks. so verwerst du den man
mit dem gesicht des frevelt her sych nycht.

Item eyn stuck heyst der scheller. den scheller ver
nym also schelle yn mael. zwei. dry. wider syne
clocken so machst du yn clopß wunden:–

Item eyn stuck heyst der verkerer. den verkerer

brengen also leck dyn swerd uber den kopf. lasß den
ort hinder nidder sincken und kere yn uff dy recht
syten und uff dy lincken slucks van eyner zo der andn
so kan er sich vur dyr nyt huden so machß du yn
gare balde bloyß wunden so yst der verkerer gerecht:-

Item eyn stuck heyst der ochs. den ochsen brengen
also setz den knauff an dy brust den ort dem man
gegen dem gesycht und dringe stark zo ym und
hebe yn den flogel und slucks uß der rechten syten
yn schylt slach uß dem schylt nach der lincken aver
bloyß und swynde nach der rechten so muß er ver-
setzen ader wyrt hart geslagenn:-

Item eyn stuck heyst der sprach vinster. das brengen
also mach eyn winde vur dem kopf das dyn arme
kruczwerß synt so sechstu dar zusehen uß was der mā
dryben will und gayn gare gewysse streych dar nach

vß dem sprechfinster dů kanst ym zo beyden syten
slagen lincks ader rechs:-

Item eyn bruch komt vß der sprechfinster. so dyr
eyn man starck zom kopf sleget valle ym mit d(er)
kortzen synden über syn clinge stoß ym syn swert
eweck so entbloß dů ym syn kopf:-

Item eyn stuck heyst der gůlden schirme. do alß wol-
sů ym rechst an binden und bynd ym lincks an
slage ym zween ader dry slege nach en ander
nach siner rechter ůver bloß so yst der gůlden
schirme recht:-

Item eyn bruch ůver den gůlden schirme. wan dů
suchst das yener den gůlden schirme bruchen wyll
so slage ym mit der kortzen synden an syn lincke ůver
bloß was er dan slecht das kanstů versetzen
und tryt zo ruck und schirme dich mit dem gůlden

heree van dem man durch yn stutz vnd kech dich in das linck vnder leger so bistu widder gewapent :-

Item eyn stuck gerost der dwangel. den dwangel wer wan also kech dich in dy rechte wechsel vnd schrydt myt dym rechten voyß vff syn rechte fot vnd stoß mit der kortzer snyden yn syn swert vff, vnd springe myt dynem lincken voyß hynder yn so bystu yn bloyß am kopf :-

Item eyn broch vuer den dwangel. wan du sichst das yener den dwangel bruchen will so leg yn den schylt vnd tret zo ruck vnd versetzem myt der gulden versetzunge slage ym nach der wysser vuer bloyß :-

Item das krom anbyndug. dy krom anbyndug wem

also do wy du wült ym recht anbynden vnd byndt
ym myt der langen snyden linck an vnd zuck wy
du ym wült recht anbynden vnd thüe an der
schwer syten slage ym dy recht ouer bloß mit der
kortzen snyden swyn nach der lincken vnd thewe
dich aff myt der gülden thewe des mach er sich
nyt frewen :-
Item wer fecht vff eyns ander thewe der darff syn
konst nyt frewen, thewe oben aff was du wylt, sich
kompt keyn wesscheler yn den schilt zo koff zo lybe dy
zück nyt vermide nych sach dyr verware schoitkyn man
am faren. erschrecks du gerne keyn fechte nymmer lern.
Es yst keyn besser versetzügt dan dy mā myt den swertte
Item eyn swert nemen. das nemen also byndt dem
mann oben an vnd gryff myt der lincken hant

legen vff syn arm mit verkerter hant yn syn gehultz
vnd ruck nach dyr so nymstu ym das swert:–

Item auer eyn swert nemen. Das vernym also do als
wult du ym starck anbynden vnd valle ym myt dy-
nem gehultz vber syn clynge vnd myt der lincke-
hant an syn gehultz ruck starck zo dyr so nymstu ym
das swert vnd stost ym kampff:–

Item eyn fry stuck wy man den man werffen sall
ym swerdt. Das vernym also bynd ym starck ane
an vnd gryff ym mit dyner lincken hant an syn
rechten elenbogen stoß ym starck vff an syn gesicht
so wyrff du ym vff syn ruck:–

Item wan du eyn man vff den kopff wult swissen.
So wy du ym starck wult anbynden vnd gryff mit
dyner lincker hant zuschen syn gehultz vnd ruck

starck nach dyr so machstu ym den kopf kloß:-

Item eyn ouer lauff ym swerdt wo du eyn man werffen salt. Das vernym also do wor du ym wulst recht an binden und bindt ym kronß an werdt myt der kurtzen snyden uff syn klyngen gryff mit dyner lincker hant an dyn klinge legt ym das swert an den hals und tryt mit dyne lincken fuß hyn-der synen lincken, ruck ym starck nach dir so muß er vallen:-

Item eyn ~~ander lauff ym~~ swerdt. Das vernym also do wor du ym wulst hoch an binden und stoß myt kreutz ym syn gehultz ouer sich, so gryffs du ym da mit ader wadu ym gewaßen machst:-

b Item swert ~~und sperr vernym~~ also oben bey dem ort uff dy swert und der mittelteyl der klingen uff dy sperr das sulles du myt der kurtzen snyden seer drucken:-

Item swech vnd starck kortz vnd langk yst aller
konst eyn amphanck dar vff licht vast alle konst
halt kengen mayss:–
Item eyn stůck treyst der lůwe. den vernym alsso sitz
dych yn dy wage vnd mit dynē koffhenyst zo horch
hervor vss vyer orten mogt stercken so hastů des lewen mogt
vnd krafft vůr ander zwein ym stryt gůtt ×

Item hy na volget das Ryngen.

Wan du wylt ryngen so setz dyn lyb yn de wage vnd mach gryffen bossen er gryff dych neder ader hoech so kanstu es yme brechen myt desen nach geschreffen stucken:–

Item vyer ~~swech vnd~~ iiij sterck dy weynyn also an beyden elbogen vnd an beyden kneen da yst der man swach vnd starck an dem elbogen by der knuchell. hynden an dem knee bogen das synt de swech vnd vur dem knee vnd vur den elbogen das synt dy sterck:–

Item gryfft dyn man zo dyr myt syner rechter hant na der ouer swech so vmb gryff yme synen arm myt der lincker hant vnd myt der rechter hant an dy vnder swech ruck yn zo dyr so wyrfstu yn hart ader weych:–

Item des gelychen das linck · gryfft eyner zo dyr
myt der lincker hant na dyner ouer swech so vmb
gryff yn myt der rechter hant syne lincken arm
vnd myt der lincker hant dy vnder swech ruck yn
zo dyr so wyrffs du yn vor dir:–

Item eyn fry stuck vß der kleynner swech · gryfft
dyr eyn man vff dyn ~~[illegible]~~ lincke achsell so nym
yn mit dyner rechter hant mit der kleyner swech
vnd myt diner lincker hant by der anderen swech
stoß ym syne hant zom buch zo so wyrffs du yn
ader der arm moeß brechen:–

Item in allen Ryngen gryff eyne man myt kurtze fyngern:

Item ~~[illegible]~~ als dyck eyn starck man gegryffen hayt yn
der myttell swech so vmb gryff yn de ~~[illegible]~~ rechte
swech myt dyn rechten arm vnd strick dich vnd

gryff myt der anderen hant na di kleyner swerth
zuck den lincken voyß zorück so worffs dü yn zo
der erden oder der arm moiß brechen:–
Item so dü myt eynem ryngen salt der starker ist
dan dü myt eyner hant gryfft er na dyr so gryff
yn mit der ober myttell swerth stoiß yn van dyr
vnd gryff yn myt der verkerder hant by der lin
ken vnder swerth vnd setz ym den elbogen yn dat
hertz kugell rück yn vnd stoiß yn myt dy ander:–
Item ryngen vff der gabelen. stelt dych in dy ga-
bell gryfft eyn myt der rechter hant zo dyr na
eyner vnder swerth so setz ym dar vff myt der
gabelen vnd rück yn zo dyr so moiß er vallen
oder der arm moiß brechen:–
Item des gelychen ist auch. gryfft er dyr myt der

lincker hant na der under swerthsytz ym dar uff
myt verkeder ~~hant.~~ gabelen rück yn zo der somoeß
her vallen ader der arm moeß brechen:-

Item ~~wer macht~~ syn korst gemessen. und dy un-
ůvergessen. und helt syn swert yn hoyt. der yst
vůr ander. iij. ym streydt gůett :-

Item hy volget nach dy ritterliche kunst ym messer:-

Item dy v. hewe solstu hewen fur dem man durch
das gefecht und der vier blosß solstu nyt vergeßen:-
den oüer hewe hew van der rechten achseln. den
ander van der lincken. tryt vort und hewe durch
yn den langen strich leck das messer uff den ruck
und tryt vort und hewe yn bogell und leck das
messer wydder uff den ruck und hewe widder yn
langen strich und dobellere hunder uß und stich by
byden wyßen vür yn bogell und hewe der lincken
syten vür yn den langen strich. das sint dy vunff
hewe ym messer dy eyn ytelicher recht leren sall
der anders recht vechten woll:- das do starck:-

Item was du starck wols dryben das fecht mit gan
tzem lybe beyde under und oüen dy zwey dynck dryff
starck das woll yeh louern:-

Item dy vber leger brechen also · setz den hefft vff vber-
orten yn dy wage nym das messer vff dy rechte schul-
der vnd setz den lincken vuoß vür yn bossen was dy
man slecht ader sticht das kanstu yn brechen:-

Item des glychen yst auch das linck ouerleger
lege das messer vff dy linck asschel vnd stelle
den recht vuoß vür yn boßeny:-

Item das recht vnder leger brechen also stell den
lincken vuoß vür yn boßen vnd lech das messer
vff das rechte beyn den ort dem man gegen das
gesycht so sechstu was er dryben wyll:-

Item des glychen yst auch das linck vnder leger setz
den knauff vff das lincke beyn den ort dem man
gegen das gesycht was er slecht ader sticht da
kanstu yn brechen vnd mach gut bossen so bystu ge-
wapent vnd dich kan keyn man bloss vinden:-

Item ~~hyr nach~~ volget dy vyer bloß. Dy vyer bloß vernym also dy ǒver bloß am haupt dy under bloß by dem vordern boyß dy rechte bloß vßwyrt an der hant dy vyerde bloß ynnwyrt an der hant. Das sint dy vyer rechte bloß dar nach eyn ytlyger fechter slayn sall der anders recht fechten wyll:–

Item wyltu frolych wandern so slach van eyner bloß zo der andern so muoß er versetzen ader wyrt geslagen:–

Item eyn gůt stůck vß dem rechten ǒverleger, sleyt eyn man dyr recht nach dyner rechten ǒverbloß so versetz ym vß dem bogell und dan slach ym na der vsser bloß:–

Item eyn stůck vß dem lincken ǒverleger, sleyt eyn mā na dyr vß dem zorn hewe so versetz ym myt dem langen streych und slach ym durch das gesycht nach ynnwendiger bloß:–

Item eyn stück vß dem rechten vnder leger, strycht dir
man den zorn strych zo dyr, stoyß yn sake myt han-
genden ort vnd slach ym nach der nechsten bloyß
eyn strych zween ader dry:–

Item eyn stück vß dem lincken vnder leger. slet eyn
man zo dyr so versetz ym myt dem bogell vnd slach
ym nach der nechsten vßen bloyß so myß er wychen
ader wort geslagen:–

Item eyn stück twyst der gassen schewer fechten eyn
ader zween vm̃ dyr stan so tzew syr vß der rechten
syten vnd syssch vff vß der lincken als syr van eym
yn den andern so myßen sy wychen ader verdem
geslagen:–

Item eyn gut stück wan du myt eym fechten sulst
der nidich yst, bruch den langen strych na syn gesicht
starck ij. iij ader iiij mall vnd slach ym nach der

rechster bloss so hastu yn wy du selber wylt:–

Item eyn stuck heist der ~~vrstill~~ woss den bruch myt syn-
nen wyltu pryss gewynne:–

Item eyn stuck heist das ~~rechten bruch~~ den flogell
hawe iiij mayl an eym stuck:–

Item eyn bruch vber den eynhorn alss du sychst
das eyner der eyner den eynhorn brucht so bruch
den flogell hew:–

Item eyn stuck vss dem ~~ochsen~~ stoss den ort dem ma-
starck gegen das gesycht vnd slach yn mit dem
flogell hew vnder syn rechten achssen:–

Item eyn ~~stuck~~ bruch vber den schilingen flogell hew
so du sicht den flogell hew bruchen. Zuck dem
rechten voss hynder dych vnd slach ym nach der
vsser bloss:–

Item eyn stuck ym ~~ploge~~. fuer den ploge van by-

schyden
den syten vnd sůnem dich myt. myt schyddend ar
beyde ym swynde van eyner bloeß zo der andern:–
Item eyn stůck geyst ~~der broßt vß zůch~~ bint das
meßer vff de rechte syt vnd zůch vß myt ver=
kerter hant vnd hew na der vßer bloeß:–
Item wer eyn man van scheiden ~~zen~~ sal. layß
den man eerst vß zehen dan dů. hewet er den
zorn hew so zůck vß ym nach der hant volge
ym nach mit dem gůlden hew:–
Item eyn stůck vß dem ~~ochsen~~ den ochsen ganck stan
vnd slach zo ym vß dem slegell. ij. streych swynd
na en nander:–
Item weet ~~was~~ der ploug cont. slach swynn vßer
myt der langen snyden nach dem schedeler. so dreffs
dů yn vß dem ploug. zo dem broch layß dyr mit
zo gang mit dem kopf myt zo hoog:–

Item wiltu kunst schauwen sich linck gen und recht myt schirmen:-

Item eyn stuck heyst der dryangell. schryt myt dem rechten vuß uff syn rechte syt und gib ym yn myt dem orthen schryt behende myt dem lincken vuß yn gewechsen schryt hinder yn so schlechst du yn hinder uff den kopff:-

Item eyn bruch uber den dryangell. so du sichst das eyner den dryangell bruchen will. so zuck den rechte vuß hinder dich und kero dich starck van dem man das ist dyr keyn schande nach der nechster bloiß:-

Item so du sichst doppelieren oben, so tryt abe das will ich loben wiltu dich rechen und dye vier bloiß kunstlich brechen so doppliere oben:-

Item wan du verlauffen wurst und hast keyn gewer. schlecht eyner eyn zorn kero so val myt ynner lincker hant ym vmb den arm so machstu ym den arm brechen vnd nymst ym das messer:-

Item sticht eyner zo dyr so val ym dar vff mit d[er] gaffelen vnd wyndt flucks vff so brychstu ym den arm vnd nymst ym das messer:-

Item eyn frye stuck ym ~~kurtzen~~ degen. sticht eyn man zo dyr mit dem vnder zorn strych so val ym dar vff mit der gaffelen. ruck ym frye zo dyr so moyß der degen ader arm brechenn:-

Item aber eyn stuck ~~vff dem vnder~~ strych dryff ym mit vsser hant byde ort setz ym den ort gegen dy brost vnd gryff ym mit der lincker hant an das hefft so moyß er sych selver stechenn:-

Item sticht eyner den ~~ouer~~ zorn strych zo dyr so gryff mit der lincker hant verkeret. by der klyner swercht so brechstů ym den arm ader der degen moyß fallen:

Item eyn gůt stuck ůber eyme wurffspieß. sticht eyn man zo der so undergang ym myt hangenden ort und griff ym myt der lincker hant hinder den kneůell und slach ym mit dem messer na der hant. so nymstů ym den spieß:-

20

a a b c d e f g h h i k k

l l m m n o o p p q r r r s s s s

t t v v v y y y z z z z w

a b c d e f g h i k l m n o p q r r s s s t u v w y z z

Item hye na volget eyn stück van swynspyeß.

Hant yn bossen vnd kre den kleynnen fynger gegen
den knopffell vnd de stang gegen den man. schlet
er ader stycht zo dyr mit dem swynspeiß ader hel-
barten. so kanstu es yme brechen:

Item so er schlet so bynch ym myt der stangen yn
de vßer swercht wyt zo ym myt dem kampff so
stychstu yn vnd schreb yn:

Item stycht er zo dyr so bynch es ym na der vßer
swerch vnd slach ym nach der foder hant so bynt
ym den kampff so hastu stych vnd streych zom beste:

Item dy iiij anbind ym stangen.

Bynt ym zo eyrst oben an na dem koff myt der
rechter hant. vnd dar na myt eyme zo tryt myt
der lincker hant weder zom koff. slach ym na dem
lincken beyne myt eym zo tryt. vnd dar na slach
ym na dem rechten beyn myt der lincker hant myt
eynem zo tryt. so synt dy iiij anbynd gerecht :–

Item eyn stuck vß dem rechten oberen anbyndunck. so wy du
ym wylt recht anbynden vnd bynd ym linckhan so
sleyffu ym dy stangh vff vnd tryt ym zo ym kampf–

Item gut stuck ym anderen oberen anbyndunck. so
as wulß du ym linckß anbynden vnd bynt ym rechß
an so slirß du ym dy stangh vff vnd dan vall–
yme zo ym kampf :–

Item noch eyn stuck ym rechten vnder anbyndunck.

Do aß woult dů ym recht anbynden vnd bynt ym lincks an vnd stoiß ym na der vnder bloeß:–

Wyssů bedanck

Do starck syne swynde na der hant.

Das stůck ist syne ichlichem nyt bikant:–

eius· ex illa hora· Feria· II· Secundum Iohannem·

nit· Dixit ihc turbis iudeoꝝ· Ego uado et quęretis me· et

cato uro moriemini· Quo ego uado· uos non potestis uen

Dicebant ergo iudei· Numquid interficiet semetipsum· qui

quo ego uado uos non potestis uenire· Et dicebat eis· Vo

deorsum estis· ego de supnis sum· Vos de mundo hoc estis· e

sum de hoc mundo· Dixi ergo uobis· quia moriemini in pe

uris· Si enim non credideritis quia ego sum· moriemini in

cato uro· dicebant ergo ei· Tu quis es· Dixit eis ihc· Principiu

qui et loquor uobis· Multa habeo de uobis loqui et iudic

… qui misit me uerax est· et ego quę audiui ab eo· hęc l

ante eos· Et resplenduit facies eius sicut sol· uestimenta autem

sunt alba sicut nix· Et ecce apparuerunt eis moyses et hel

cum eo loquentes· Respondens autem petrus dixit ad ihm

bonum est nos hic esse· si uis faciamus hic tria tabernacula

tibi unum· et moysi unum· et heliae unum· Adhuc eo loquen

te· ecce nubes lucida obumbrauit eos· Et ecce uox de nu

dicens· hic est filius meus dilectus in quo michi complacui

ipsum audite· Et audientes discipuli ceciderunt in faciem su

et timuerunt ualde· Et accessit ihc et tetigit eos dixitque

Surgite nolite timere· Leuantes autem oculos suos neminem

uiderunt nisi solum ihm· Et descendentibus illis de mon

C. TEXT

Gerade bei der Tradierung fachliterarischer Texte wird die Textgestalt grundsätzlich durch die persönlichen, lebenspraktischen Bedürfnisse der Rezipienten bestimmt.[149] Deshalb steht im Zentrum dieser Untersuchung und Edition die spezielle Gebrauchs- und Überlieferungssituation des Kölner Fechtbuchs einschließlich der ‚Materialität' des Codex (siehe Kapitel oben).[150]

149 Werner Williams-Krapp: Die überlieferungsgeschichtliche Methode. Rückblick und Ausblick, in: Internationales Archiv für Sozialgeschichte der deutschen Literatur 25, Heft 2 (2000), S. 1–21, hier S. 8.

150 Ebd., S. 11. Deshalb finden die ‚klassischen' Editionsprinzipen hier nur in Teilen Anwendung, wenngleich sich für die vorliegende Edition grundsätzlich daran orientiert wurde. Vergleiche hierzu beispielsweise: Arbeitskreis „Editionsprobleme der Frühen Neuzeit": Empfehlungen zur Edition frühneuzeitlicher Texte, *http://www.ahf-muenchen.de/Arbeitskreise/empfehlungen.shtml*; Werner Besch: Zur Edition von deutschen Texten des 16. Jahrhunderts, in: Alemannica. Landeskundliche Beiträge. Festschrift für Bruno Boesch, zugleich Alemannisches Jahrbuch 1973/75, S. 392–411; A. Hübner: Grundsätze für die Herausgabe und Anweisung zur Druckeinrichtung der Deutschen Texte des Mittelalters. Neue Fassung, in: Hans Neumann (Hg.): Johannes Rothe. Das Lob der Keuschheut, Berlin 1934 (= Deutsche Texte des Mittelalters 38), S. V–IX; Oskar Reichmann: Zur Edition frühneuhochdeutscher Texte. Sprachgeschichtliche Perspektiven, in: Zeitschrift für deutsche Philologie 97 (1978), S. 337–361. Eine umfangreiche und gleichzeitig auf dem Stand der Forschung befindliche Einführung in die Editionsphilologie gibt: Thomas Bein: Textkritik. Eine Einführung in Grundlagen germanistisch-mediävistischer Editionswissenschaft, Frankfurt am Main u.a. 2008 (mit aktuellen Literaturhinweisen). Zur Forschungsdiskussion siehe: ders.: Editionsprinzipien für deutsche Texte des späten Mittelalters und der frühen Neuzeit, in: Werner Besch u.a. (Hgg.): Sprachgeschichte. Ein Handbuch zur Geschichte der deutschen Sprache und ihrer Erforschung, 2., vollständig neu bearbeitete und erweiterte Auflage, 4. Teilband, Berlin und New York 2004, 923–931; Ulrich Seelbach: Edition und Frühe Neuzeit, in: Rüdiger Nutt-Kofoth u.a. (Hgg.): Text und Edition. Positionen und Perspektiven, Berlin 2000, S. 99–119.

Die fünf enthaltenen Traktate zur Unterweisung in unterschiedlichen Waffengattungen sind nur einziges Mal überliefert. Deshalb war es nicht möglich, Unklarheiten im Text über Varianzen zu erhellen; ein Apparat für Lesarten/Lesevarianten ist somit nicht eingerichtet. Gerade vor dem Hintergrund, eine Handschrift mit ripuarischem Sprachstand vorzustellen, wurde auf Normalisierung und Eingriffe weitestgehend verzichtet; die Übertragung entspricht so weit wie möglich der Schreibung des Manuskripts.[151] Textkritik wurde folglich so restriktiv wie möglich praktiziert, um dem überlieferten Text „seinen verdienten Rang“[152] einzuräumen. Der Text wird deshalb grundsätzlich buchstabengetreu wiedergegeben, zerstörte Reime werden nicht wieder hergestellt.

Textkritische Anmerkungen bilden den ersten und einzigen Apparat, der mit dem Ziel der Redundanzvermeidung so weit wie möglich entlastet werden soll. Deshalb werden Elemente der Textorganisation und sich regelmäßig wiederholende Befunde im Apparat nicht eigens vermerkt, nämlich:

1. Alle Rubriken und einzelne Rubrizierungen werden fett gesetzt, mit folgender Ausnahme: Gedankliche Einheiten beginnen konsequent mit einem rubrizierten Versal, häufig: *Item*... Diese Art der regelmäßigen Auszeichnungen wird im Text nicht eigens erwähnt; sie begründet im Druckbild jedoch den Absatz.[153]

2. Der Schreiber beschließt seine Absätze mit einem (Notars-) Zeichen, das typischerweise in mittelalterlichen Urkunden benutzt

151 Zur Normalisierung als wissenschaftliche Aufgabe (jedoch dargestellt für die neuere deutsche Literatur) siehe: Winfried Woesler: Die Normalisierung historischer Orthographie als wissenschaftliche Aufgabe, in: Zeitschrift für deutsche Philologie 105 (1986), Sonderheft, S. 69–83.

152 Reinhard Wonneberger: Textkritische Apparate – linguistisch betrachtet, in: Manfred Kohrt und Jürgen Lenerz (Hgg.): Akten des 15. Linguistischen Kolloquiums, Bd. 1, Tübingen 1981, S. 337–348, hier S. 338.

153 Die Absätze im übertragenen Text laufen der Abschnittseinteilung der Handschrift nicht entgegen.

wurde, um das Ende eines Eintrags zu bezeichnen und um weitere Ergänzungen zu unterbinden. Er verwendet es spätestens ab fol. 4v recht konsequent, auf fol. 13r zwei Mal auch innerhalb einer geschlossenen gedanklichen Einheit. Dieses, vermutlich aus seiner gewohnten, sonstigen Schreibpraxis stammende Zeichen, wird nicht übertragen.

3. Beide Merkmale, sowohl die rubrizierten Versalien als auch das Notarszeichen, kennzeichnen Absätze beziehungsweise gedanklichen Einheiten; sie wurden im Druckbild als ebensolche angelegt. Zur besseren Lesbarkeit (und damit nicht zwischen zwei unterschiedlichen typographischen Trennungszeichen unterschieden werden muss) wurden die Zeilenwechsel, einschließlich eventueller Silbentrennung, jedoch nicht übernommen. Die unregelmäßig vom Schreiber verwendeten doppelten Trennungszeichen finden sich deshalb im Text nicht wieder.[154]

4. Der Schreiber unterscheidet zwei Satzzeichen: Punkt und Komma. Sie wurden in den Druck übernommen. Weitere Satzzeichen, zum Beispiel auf Basis der so genannten Lachmannschen Interpunktion, wurden (entgegen üblicher Editionspraxis)[155] jedoch nicht ergänzt, da sie – aufgrund mangelnder Unterscheidbarkeit zum Beispiel eines kursiv und eines recto gesetzten Punktes – das Druckbild mit Klammern oder ähnlichem unnötig belastet hätten. Die Bezüge, Sinn- und Satzeinheiten innerhalb der Syntax einer solch formelhaften Fachsprache, wie sie der Verfasser der fünf Kölner Traktate benutzt, sind für das Verständnis des Textes m. E. durchweg deutlich genug.[156]

154 Šedivý/Pátková, S. 57.

155 Siehe Anm. 150.

156 Vergleiche Peter Kern: Das Problem der Satzgrenze in mittelhochdeutschen Texten, in: Volker Honemann und Nigel F. Palmer (Hgg.): Deutsche Handschriften 1100–1400. Oxforder Kolloquium 1985, Tübingen 1988, S. 342–351; Kurt Gärtner: Zur Interpunktion in den Ausgaben mittelhochdeutsche Texte, in: editio 2 (1998), S. 86–89.

5. Der Schreiber verwendet Kürzungen insgesamt recht sparsam.[157] Seine Nasalstriche sowohl im Wortinneren als auch am Wortende für *n* und seltener *m* sind zum Teil sehr unterschiedlich gestaltet; es kommen schlichte, waagrechte, gerade Striche ebenso wie beispielsweise gewölbte oder sogar aus zwei gegenläufigen Bögen bestehende, geschwungene Striche vor. Wesentlich seltener kürzt der Schreiber *-er*, was aber ausschließlich als Suspension am Wortende, zum Beispiel in *and(er)*, beziehungsweise im Artikel *d(er)* auftritt.[158] Deshalb wird nie der typische Haken für Kürzungen mit *r* geschrieben, vielmehr bildet eine Art Abschwung nach dem *d* das Endungskürzel. Alle diese Abkürzungen werden im Text stillschweigend aufgelöst.[159]

6. Ebenso ungekennzeichnet bleiben Diakritika, die den Lautwert nicht erkennbar verändern und nur reine Lesehilfen sind: Sehr konsequent setzt der Schreiber u-Bögen ein und seine *i* und *j/i-longa* schreibt er in der Regel mit Punkt. Die sehr seltenen Superskripta werden dagegen im Druck als ebensolche wiedergegeben. Sie signalisieren hier in der Regel die für das Ripuarische typische Dehnung.

7. Die verschiedenen Formen von *s*, also rundes und langes *s*, werden im Text stets als rundes *s* gesetzt. Nicht angeglichen werden Groß- und Kleinschreibung; Zweifelsfälle werden mit Minuskeln transkribiert. Bei *u/v/w* und *i/j/y* wird im Drucksatz nicht zwischen vokalischem und (halb-) konsonantischem Gebrauch unterschie-

157 Grundlegend: Jürgen Römer: Geschichte der Kürzungen. Abbreviaturen in deutschsprachigen Texten des Mittelalters und der Frühen Neuzeit, 2. Aufl., Göppingen 1999 (= Göppinger Arbeiten zur Germanistik 645).

158 Siehe hierzu die nicht bezeichnete Kürzung (Verschreiber) auf fol. 3r, unten: *vnym* statt *vernym*.

159 Verwechslungsgefahr mit Abbreviaturen bergen manche waagrechten Zierelemente vor allem an der Oberlinie des Mittellängenbereichs, wie beispielsweise die nach rechts hinausragende Deckbalken an *g* oder die Balken von *t*. Siehe dazu stellvertretend auf fol. 3v, Mitte, *vort* und in der letzten Zeile *verzocking*.

den; sie werden demzufolge der Schreibung, nicht dem Lautwert entsprechend wiedergegeben.

8. Bei zwei aufeinander folgenden Konsonanten mit Ober- und Unterlänge notiert der Schreiber in der Regel den ersten Konsonanten im Verhältnis zum Folgekonsonanten relativ klein, so zum Beispiel bei *koff, misselingen, bossen* usw. Diese häufig auftretende Schreibereigenheit bleibt in der Übertragung unerwähnt. Solche Konsonantendopplungen werden stillschweigend übertragen.

9. Hin und wieder treten *over, ouer* ‚ober(-e/-er)' und *vuer* ‚über' wohl in vertauschter, jedoch keinesfalls in einer durchgängig synonymen Verwendung auf: So bedeutet *over, ouer* stellenweise wohl fälschlich auch ‚über' statt ‚ober(-e/-er)'.[160] Der umgekehrte Fall tritt darüber hinaus ebenso auf, so kann *vuer* mancherorts auch fälschlicherweise ‚ober(-e/-en)' statt ‚über' meinen.[161] Im Drucksatz wurde diese Schreibereigenheit nicht korrigiert.

Der Textbestand der edierten Handschrift ist recto gesetzt. Alle Eingriffe des Editors werden im Text und im textkritischen Apparat kursiv gesetzt; sie referenzieren sich dadurch gegenseitig. Dieses Abheben des Originaltextes vom begleitenden Text betrifft nur die reine Edition in diesem Teil des Buches, nicht aber die vorangegangenen und die nachfolgenden Teile dieser Studie. Zeilenzahlen, Blättzähler (einschließlich Angaben zu Leerseiten) und Zwischenüberschriften sind vom Editor ergänzt, um die Ausgabe zu gliedern und die Orientierung darin zu erleichtern.

160 Zum Beispiel *broch ouer* [‚über'] *den gulden hewe* (fol. 5v), *stuck ouer* [‚über'] *eynen wyrfspeyß* (fol. 17r) oder *eyn ouer* [‚über'-] *lauff* (fol. 7v; siehe Glossar). Veranschaulicht werden kann diese Schreibereigenheit besonders in *stoeß* [...] *ym syn gehultz ouer* [‚über'] *sych* (fol. 7v) gegenüber *lech dyn swerd vuer* [‚über'] *den koff* (fol. 5r).

161 Zum Beispiel: *slage ym nach der neyster vuer* [‚oberen'] *bloyß* (fol. 6r).

Edition

Metallurgisches Rezept

[fol. 1v] Salamonias j loitt
Wijßs victoriale j loitt
Spainsgroen j loyt
Salpeter j loytt
Seyer nach anderhalff so vyll sylbers als goltz

Fechtlehre im langen Schwert

[fol. 2r] **Hyr hebet sich aen der text vnd zedell ym langen sweerd Zom eersten mach gudt bossenn vnd streck dy arm fry wastu dan fichts das wapent sich.**

Item dy . V . hewe vernym also, den over hewe van der rechter achselin myt langer snyden vnd mach bossen myt dem lincken voysz des glichen yst auch der linck ouer hewe mach bossen myt dem rechten voysz vnd hawe myt der langen snyden durch ym deen koff ym stortz

Item hewe veder vmb durch ym den koff yn schylt vnd vidder vmb durch ym den koff yn stortz, vnd lech das swert vff den ruck laysz esz syncken vff dy rechten syten keer den knouff gegen den man vnd den ort hynder vsz so komstu yn den rechten myttel hewe Hewe vur ewech vmb den koff yn den lincken myttel hewe, v*n*d vidder vmb yn den koff yn dy rechte weschel myt der langenn

16 syten keer] sytenkeer *(senkrechte Linie als Worttrenner)*
18 v*n*d] vmd
19 der] der *vor der Zeile stehend (eingefügt?)*

snyden nydder myt der kortzen snydenn *[fol. 2v]* vff vmb den koff yn den lincken weschell. das synt dy . V . hewe dy eyn ycklinger leren sail der anders recht fechten wil

Item hyr volget nach der text vnd gloysz dar na man hewen sael.

[Schemazeichnung]

Item nach deser figuren sall man hewen, alle hewe durch das gesicht mit gestreckten armen vnd mach gut bossen yn allen dyngen so mach dir nyt misselingen.

[fol. 3r] Item hyr nach volget der zedell des langenn swerts wastu starck wils dryben das fecht myt gantzem lebe beyd vnden vnd obenn dy zwei dyng dryb starck das will ich lobenn.

Item erschrecks du gern keyn fechten nummer enlern, Wer fechten will der sall haben eyn hertz alsz eyn lewe vnd sall al so scharff seen alsz eyn valck vnd sall also behende syn alsz eyn vogel.

Item dy vyer bloyß ym swerd vernym also, dy zwo ouer bloyß am haupt dy ander zwo vnderbloyß zo beyden syten vnder deen armen.

Item dy veyr leger vernym al so. lege das swert vff dy rechte aschel vnd setz dyn liff yn wage myt guden bossen des glygen yst auch der lynck ouer leger stell den rechten voyß vur.

Das rechte vnder leger vernym also stell den lyncken voyß vur vnd lege das swert myt dem geholtz *[fol. 3v]* vff das rechte beyn den ort dem man gegent das gesicht, des glich yst auch der linck vnder leger keer das swert denn ort dem mann gegen das gesicht.

Item dy vyer an bynde ym swert vernym also bynde ym an myt der

2 ycklinger] *korr. aus* ycklinher
11 nummer enlern] nummerenlern *(senkrechte Linie als Worttrenner)*
20 vernym] vnym *(er-Kürzungszeichen fehlt)*

kortzen snyden an dy lincken ouer bloyß trydt vort vnd byndt ym myt der langen snyden an dy rechte over bloyß tryt vort vnd slage ym nach der lyncken vnder bloyß myt der kortzen snyden vnd tryt vort vnd slage ym nach der rechten vnder bloyß myt der flech.

Item eyn stuck heyst der flogel bynde ym ouen mit der kortzen snyden vnd slage ym nach der rechten vnder bloyß mit langer snyden. vnd bald myt der kortzen nach der ouer bloyß vnd hewe durch van dem man yn das lyncke vnder leger.

Item eyn stuck heyst das verzocking. do als wul*[fol. 4r]*stu ym rech*s* anbinden vnd bynd ym lincks an vnd do als wulstu ym lyncks an bynden vnd bynde ym rechs an vnd hewe dich starck myt der langen snyden van dem man yn den lyncken vnder leger so bistu nicht bloyß zo vinden.

Item eyn stuck heyst der durch weschell. fry van beyden syten so machs du des mans woel beyden vnd hewe myt schryden fry van eyner bloyß zo der andern so machs du frolich wandern.

Item eyn stuck dy yser porte geheyssen. lege dich yn das lynck vnder leger vnd layß den ort synckenn vff dy erde vnd hewe den flogell hewe vnd strych vff vß der rechten syten vur yn schylt vnd vß der lincker syten widder vff yn stortz so komstu vß der ysern porten yn den gassen hewe.

Item ein stuck heyst der pluck. den pluck vernym *[fol. 4v]* also wendt vß dem rechten leger yn den lincken vnd vß dem lincken widder yn rechten so sichstu was der man vff dych dryben will ader stycht her du kanß ym brechenn

---

9 rech*s*] rech
16 du] *über der Grundlinie eingefügt*
19 flogell] *eventuell rubriziert oder rot ausgestrichen*
19 hewe] *über der Grundlinie eingefügt*
19 vff] *über der Grundlinie eingefügt*

Item eyn stuck heyst der olber. den olber vernym also kere den ort yn dy lucht vnd halt den schilt vur den koff was der man slecht van dach das kan man dar myt brechenn

Item eyn stuck heyst der schilder. den schilder vernym also schyl lincks vnd slach rechs, vnd schil rechst vnd slach lincks. so veruerß du den man mit dem gesicht des frewet her sych nycht.

Item eyn stuck heyst der scheller. den scheller vernym also schelle eyn mael. zwei. dry. vidder syne clyngen so machst du yn bloyß vynden

Item eyn stuck heyst der verkerer. den verkerer *[fol. 5r]* vernym also lech dyn swerd vuer den kopf. layß den ort hinder nidder sincken vnd kerre yn vff dy recht syten vnd vff dy lincken flucks van eyner zo der ander so kan er sich vur dyr nyt huden so machs du yn gare balde bloyß vynden so yst der verkerer gerecht

Item eyn stuck heyst der ocks. den ocksen vernym also setz den knauff an dy brust den ort dem man gegen dem gesycht vnd drynge starck zo ym vnd hewe yn den flogel vnd flucks vß der rechten syten yn schyll slach vß dem schylt nach der lincken ouer bloyß vnd swyndt nach der rechten so muß er versetzen ader wyrt hart geslagenn

Item eyn stuck heyst der sprech vinster. das vernym also mach eyn winde vur dem kopf das dyn armen krutzwerß synt so sychstu dar zußen vß was der man dryben will vnd gayn gare groysse streych dar nach *[fol. 5v]* vß dem sprech vinster du kanst yn zo beyden syten slagen lyncks ader rechs

Item eyn broch komt vß der **sprech vinster**. so dyr eyn man starck zom kopf sleget valle ym mit der kortzen snyden vuer syn clynge stoysz ym syn swerte weck so entbloyß du ym syn kopf

---

13 der] *über der Grundlinie eingefügt*

Item eyn stuck heyst der **gulden hewe**. do alß wolstu ym rechst an bynden vnd bynd ym lincks an slage ym zween ader dry slege nach en ander nach siner rechter ouer bloyß so yst der gulden hewe recht

Item eyn broch ouer den **gulden hewe**. Wan du suchs das eyner den gulden hewe bruchen wyll so slage ym mit der kortzen snyden an syn linck ouer bloiß was er dan slecht das kanstu versetzen vnd tryt zo ruck vnd hewe dich mit dem gulden *[fol. 6r]* hewe van dem man durch yn sturtz vnd lech dich in das linck vnder leger so bistu widder gewapent

Item eyn stuck heyst der **dryangel**. den dryangel vernym also lech dich in dy rechte weschel vnd schrydt myt dym rechten voyß vff syn rechte syt vnd stoͤß mit der kortzer snyden ym syn swert vff, vnd springe myt dynem lincken voyß hynder yn so vynstu yn bloyß am kopf

Item eyn broch vuer den **dryangel**. wan du sychs das eyner den dryangel bruchen will so lege yn den schylt vnd tryt zo ruck vnd versetz em myt der gulden versetzynge slage ym nach der neyster vuer bloyß

Item das krom anbyndung. dy krom **anbyndung** vernym *[fol. 6v]* also do wy du wuls ym recht anbynden vnd byndt ym myt der langen snyden lincks an vnd zock wy du ym wuls rechs anbynden vnd blyue an der seluer syten slage yn dy recht ouer bloyß mit der kortzen snyden swyn*dt* nach der lyncken vnd hewe dich aff myt der gulden hewe des mach er sich nyt frewen

Item wer sycht vff eyns ander hewe der darff syn konst nyt frewen, hewe ouen aff was du wylt, sich kompt keyn wescheler yn den schilt zo koff zo libe dy zuck nyt vermide ych sach dyr verware

6 linck] *über der Grundlinie eingefügt*
10 eyn] *über der Grundlinie eingefügt*
23 swyn*dt*] swyn

schoen keyn man am faren. erschrecks du gerne keyn fechten nummer enlern. Es yst keyn besser versetzungk dan dy man myt den streyche duyt.

Item eyn **swert nemen**. das vernym also byndt dem mann ouen an vnd gryff myt der lyncker hant *[fol. 7r]* vszen vff syn arm mit verkerter hant yn syn gehultz vnd ruck nach dyr so nymstu ym das swert

Item auer eyn **swert nemen**. das vernym also do als wuls du ym starck anbynden vnd valle ym myt dynem gehults vuer syn clynge vnd myt der lincker hant an syn gehultz ruck starck zo dyr so nymstu ym das swert vnd steyst ym kampff

Item **eyn fry stuck** wy man den man werffen sall ym swerdt. das vernym also byndt ym starck ouen an vnd gryff yn mit diner lincken hant an syn rechten elenbogen stoyß ym starck vff an syn gesicht so wyrff du yn vff syn ruck

Item wan du eyn man vff den koff wyls smißenn. do wy du ym starck wuls anbynden vnd gryff mit dyner lincker hant zußenn syn gehultz vnd ruck *[fol. 7v]* starck nach dyr so machs du ym den koff bloyß

Item eyn ouer **lauff ym swerdt wy du eyn** man werffen sals. das vernym also do we du ym wuls recht an bynden vnd byndt ym kromß an wynd myt der kortzen snyden vff syn klyngen gryff mit dyner lincker hant an dyn clynge lege ym das swert an den hals vnd tryt mit dynem lincken voyß hynder synen lincken, ruck yn starck nach dir so moyß er vallenn

Item **eyn vnder lauff ym** swerdt. das vernym also do wy du ym wuls hoch an bynden vnd stoeß myt kr*u*tz ym syn gehultz ouer sych, so gryffs du yn da mit ader wa du yn geuaßen machs

---

2 Es] E *in Kapitalschrift*
27 kr*u*tz] krntz *(fehlender u-Bogen als Verschreiber)*

Item **swech vnd starck kortz** vnd langk yst aller konst eyn anphanck dar vff dicht vast alle konst halt lengen mayß

[fol. 8r] Item swech vnd sterck vernym also oben by dem ort yst dy swech vnd der mytteldeyl der cly*n*gen yst dy sterck das sulles du myt der kortzen snyden seer dryuenn

Item **eyn stuck heyst der leue.** den vernym also setz dych yn dy wage vnd mit dynem ko*ff* nyt zu hoych hewe vß vyer orten myt stercken so hastu des leuen moyt vnd byst vur ander zween ym stryt gůtt

[Leerseiten]

Ringlehre

[fol. 10v] **Item hy na volget das Ryngen.**

Wan du wylt ryngen so setz dyn lyb yn de wage vnd mach guytten bossen er gryff dych neder ader hoech so kanstu es yme brechen myt desen nach geschryffen stucken

Item vyer **swech vnd** iiij sterck dy vernym also an beyden elbogen vnd an beyden kneen da yst der man swach vnd starck an dem

---

1–2 Item swech ... lengen mayß] *Dieser Absatz (fol. 8r oben) ist in der Hs. durch ein rubr.* a *in der Marg. vor* Item swech ... seer dryuenn *eingeordnet. Vgl. Z. 3–5.*

3–5 Item swech ... seer dryuenn] *Dieser Absatz (fol. 7v unten) ist in der Hs. durch ein rubr.* b *in der Marg. vor* Item swech ... lengen mayß *eingeordnet. Vgl. Z. 1–2.*

3 by] *über der Grundlinie eingefügt*

3 dem ort] demort *(senkrechte Linie als Worttrenner)*

4 cly*n*gen] clygen *(Nasalstrich als n-Kürzungszeichen fehlt)*

5 dryuenn] *zentriert in neuer Zeile angefügt*

6–9 Item eyn stuck ... ym stryt gůtt] *Absatz schließt mit einem Minuskel-x.*

7 ko*ff* nyt] kofftnyt *(senkrechte Linie als Worttrenner)*

7 myt] *über der Grundlinie eingefügt*

elbogen by den knuchell. hynden an dem knee bogen das synt de swech vnd vur dem knee vnd vur den elbogen das synt dy sterck

Item grytft eyn man zo dyr myt syner rechter hant na der ouer swech so vmb gryff yme sinen arm myt der lincker hant vnd myt der rechter hant an dy vnder swech ruck yn zo dyr so wyrffs du yn hart ader weych

[fol. 11r] Item des gelychen das linck. gryfft eyner zo dyr myt der lincker hant na dyner ouer swech so vmb gryff ym myt der rechter hant synen lincken arm vnd myt der lincker hant dy vnder swech ruck yn zo dyr so wyrffs du yn we vur

Item eyn fry stuck vß der kleynner swech. gryfft dyr eyn man vff dyn lincke achsell so nym yn mit dyner rechter hant mit der kleyner swech vnd myt diner lincker hant by der anderenn swech stoes yme syne hant zom buch zo so wyrffs du yn ader der arm moeß brechen

Item in allem Ryngen gryff eynen man myt kurtzen fyngern

Item *so* dych eyn starck man gegryffen hayt yn der myttel swech so vmb gryff ym de nechste swech myt dym rechten arm vnd senck dych vnd *[fol. 11v]* gryff myt der anderen hant na de klyner swech Zuck den lincken voyß zoruck so wyrffs du yn zo der erden ader der arm moeß brechen

Item **so du myt eynem** ryngen salt der starcker ist dan du myt eyner hant gryfft er na dyr so gryff yn mit der ober myttell swech stoeß yn van dyr vnd gryff yn myt der verkeyrder hant by der lincken vnder swech vnd setz ym den elbogen yn dat hertz kuyll ruck yn vnd stoeß yn myt eyn ander

12 lincke] rechte lincke (rechte *ausgestrichen*)
17 *so*] a ls (a *ausgestrichen*)

Item ryngen vß der Gabelen. stell dych in dy gabell gryfft *er* myt der rechter hant zo dyr na eyner vnder swech so sytz ym dar vff myt der gabelen vnd ruck yn Zo dyr so moeß er vallen ader der arm moeß brechen

Item des **gelychen yst auch**. gryfft er dyr myt der *[fol. 12r]* lincker hant na der vnder swech sytz ym dar vff myt verkerder gabelen ruck yn zo dyr so moeß her vallen ader der arm moeß brechen

Item wer macht syn konst gemessen. vnd dy vnuergessen. vnd helt syn swert yn hoyt. der yst vur ander. iij. ym streydt guett

[Leerseite]

Fechtlehre im (langen) Messer

[fol 13r] **Item hy volget nach dy ritterliche konst ym messer**

Item dy. **v.** hewe solstu hewen fry dem man durch das gesycht vnd der vier bloyß solstu nyt vergeßen den ouer hewe hew van der rechten ascheln. den ander van der linckenn. tryt vort vnd hewe durch yn den langen stych lech das messer vff den ruck vnd tryt vort vnd hewe yn bogell vnd lech das messer vydder vff den ruck vnd hewe vidder yn langen stych vnd dobellere hynder vß vnd stich by beyden voyßen vur yn bogell vnd hewe der lincken syten vur yn den langen stych. das synt dy vunff hewe ym messer dy eyn yckelicher recht leren sall der anders recht vechten wyll das do starck

---

1 *er*] eyn
6 dar vff] darvff *(senkrechte Linie als Worttrenner)*
6 gabelen] hant gabelen *(*hant *ausgestrichen)*
12 vergeßen] vergeßen *folgt Notarszeichen (mit Zeilenwechsel)*
19 wyll] wyll *folgt Notarszeichen (kein Zeilenwechsel)*

Item was du starck wyls dryben das fecht mit gantzem *l*ybe beyde vnder vnd ouen dy zwey dynck dryff starck das wyll ych louenn

[fol. 13v] Item dy **veyr leger vernym** also. setz dyn lyff vß vyer orten yn dy wage Nym das meßer vff dy rechte schulder vnd setz den lincken voyß vur yn bossen was der man slecht ader stycht das kanstu ym brechen

Item des glychen yst auch das linck ouerleger lege das meßer vff dy linck aschel vnd stelle den recht voyß vur yn boßenn

Item das recht vnderleger vernym also stell den lincken voyß vur yn boßen vnd lech das meßer vff das rechte beyn den ort dem man gegen das gesycht so sychstu was er dryben wyll

Item des glychen yst auch das linck vnder leger setz den knauff vff das lincke beyn den ort dem man gegen das gesycht was er sleycht ader stycht das kanstu ym brechen vnd mach gůt bossen so bystu gewapent vnd dich kan keyn man bloyß vynden

[fol. 14r] Item **hyr nach volget dy vyer** bloyß. dy vyer bloyß vernym also dy ouer bloyß am heupt dy vnder bloyß by dem vordern voyß dy rechte bloyß vßwyck an der hant dy vyerde bloyß ymwyck an der hant. das synt dy vyer rechte bloyß dar nach eyn ycklyger fechter slayn sall der anders recht fechten wyll

Item wylstu frolych wandern so slach van eyner bloyß zo der andern so moyß er versetzen ader wyrt geslagen

Item eyn gut stuck vß dem rechten ouerleger, sleyt eyn man dyr recht nach dyner rechten ouerbloyß so versetz ym vß dem bogell vnd dan slach ym na der vßer bloyß

---

1 *lybe*] bybe
3 vß] *über der Grundlinie eingefügt*

Item eyn stuck vß dem lincken **ouerleger**, sleyt eyn man na dyr vß dem zorn hewe so versetz ym myt dem langen stych vnd slach ym durch das gesycht nach ynwynicher bloyß

[fol. 14v] Item eyn stuck vß dem **rechten vnder** leger, stycht der man den zorn stych zo dyr, stoyß ym abe myt hangenden ort vnd slach ym nach der rechten bloyß eyn streych zween ader dry

Item eyn stuck vß dem **linck vnder** leger. sleyt eyn man zo dyr so versetz ym myt dem bogell vnd slach ym nach der nechsten vsenbloyß so moyß er wychen ader wyrt geslagen

Item eyn stuck heyst der **gaßen hewer** sychstu eyn ader zween vur dyr staen so hew fry vß der rechter syten vnd frysch vff vß der lincken als fry van eym yn den andern so moyßen sy wychen ader *w*erdenn geslagen

Item eyn gut stuck **wan du myt eym fechten** sulß der nidich yst, bruch den langen stych na sym gesycht starck ij. iij ader iiij maell vnd slach ym nach der *[fol. 15r]* nechster bloyß so hastu yn wy du seluer wyls

Item eyn stuck heyst der **verstell voyß** den bruch myt synnen wyltu pryß gewynnen

Item eyn stuck heyst das **relyn bruch** den flogell hawe iiij mayl an eym stuck

Item eyn bruch vuer den **eynhorn** alß du sychs das eyner den eynhorn brucht so bruch den flogell hew

---

5 ym abe] ymabe *(senkrechte Linie als Worttrenner)*
13 *w*erdenn] verdenn
18 eyn] *über der Grundlinie eingefügt*
22 das eyner den] das eyner der eyner den

Item eyn stuck vß dem **ocksen** stoeß den ort dem man starck gegen das gesycht vnd slach yn mit dem flogell hew vnder syn rechten ockßen

Item eyn bruch vuer den seluigen flogell hew so du sichst den flogell hew bruchen. zuck denn rechten voyß hynder dych vnd slach ym nach der vßer bloyß

Item eyn stuck ym **ployg**. fuer den ployg van bey*[fol. 15v]*den syten vnd suem dich nyt. myt schryden schey*d* vnd arbeyde ym swynde van eyner bloeß zo der andern

Item eyn stuck heyst **der bronße vß zuch** bint das meßer vff dy rechte syt vnd zuch vß myt verkerter hant vnd hew na der vßer bloeß

Item wy eyn man van **scheiden zyn** sall. layß den man eerst vß zehen dan du. hewet er den Zorn hew so zuck vß ym nach der hant volge ym nach mit dem gulden hew

Item eyn stuck vß dem ocksen den ocksen ganck starck vnd slach zo ym vß dem flogell. ij. streych swynd na en nander

Item wert was dry ployg eint. slach swyn*d* vßer myt der langen snyden nach dem schedeler. so dryffs du yn vß dem ployg. zo dem broch layß dyr nyt zo ga*n*g mit dem koff nyt zo hoyg

[fol. 16r] **Item wyltu konst schauwen sych linck geen vnd recht myt hewenn**

4 bruch] stuck bruch (stuck *ausgestrichen)*
4 sichst] sicht
8 schryden] *über der Grundlinie eingefügt*
8 schey*d*] scheyder *(er-Kürzungszeichen als Verschreiber)*
18 swyn*d*] swyn
20 ga*n*g] gaug *(u-Bogen als Verschreiber)*

Item eyn stuck heyst der **dryangell.** schryt myt dem rechten voyß vff syn rechte syt vnd ger ym yn myt dem ocksen schryt behende myt dem lincken voyß eyn groyßen schryt hynder yn so slachs du yn hynder vff den koff

Item eyn broch vuer den **dryangell.** so du suchs das eyner den dryangell bruchen wyll. so zuck den rechten voyß hynder dich vnd hew dich starck van dem man das yst dyr keyn schande nach der nechster bloeß

Item so du suchs **doppeleren** oben, so tryt abe das wyll ych lobenn wyltu dych rechen vnd dy veyr bloeß kunstelich brechen so doppelere oben

Item wan du **vuerlauffen** wurß vnd hayst keyn gewere. scleyt eyner eyn zorn hew so val myt dyner *[fol. 16v]* lincker hant ym vmb den arm so machstu ym den arm brechen vnd nymst ym das meßer

Item stycht eyner zo dyr so val ym dar vff mit der gaffelen vnd wyndt fluck*s* vff·so brychstu ym den arm vnd nymst ym das meßer

Item eyn fry stuck ym **kortzen degen**. stycht eyn man zo dyr mit dem vnder zorn stych so val ym dar vff mit der gaffelen. ruck yn fry zo dyr so moyß der degen ader arm brechenn

Item aber eyn stuck **vß dem vnder stych** dryff ym mit vßer hant byde ort setz ym den ort gegen dy brost vnd gryff yn mit der lincker hant an das hefft so moyß er sych seluer stechenn

Item stycht eyner den **ouer zorn** stych zo dyr so gryff mit der lincker hant verkeret. by der kleyner swecht *[fol. 17r]* so brychstu ym den arm ader der degen moyß fallen

---

16 fluck*s*] fluck
17 fry] *über der Grundlinie eingefügt*

Item eyn gut stuck ouer eynen **wyrfspeyß**. stycht eyn man zo dyr so vnderganck ym myt hangenden ort vnd gryff ym myt der lincker hant hynder den kneuell vnd slach ym mit dem messer na der hant. so nymstu ym den speyß

[Leerseiten, Federproben]

Fechten im Schweinespieß

[fol. 20v] **Item hy na volget eyn stuck ym swynspeyß.**

Stant yn bossen vnd kere den kleynnen fynger gegen den kneyffell vnd de stang gegen den man. sleyt er ader s*t*ycht zo dyr mit dem swynspeyß ader helbartten. so kanstu es yme brechen

Item so er sleyt so brych ym myt der stangen yn de vßer swecht tryt zo ym myt dem kampff so stychstu yn vnd sleys yn

Item stycht er zo dyr so brych es ym na der vßer swech vnd slach ym nach der foder hant so buyt ym den kampff so haystu stych vnd streych zom besten

[Leerseite]

1 wyrfspeyß] wyrfpeyß
7 s*t*ycht] sycht

Stangenfechten

[fol. 21v] **Item dy iiij anbynd ym stangen.**

Bynt ym zo eyrst oben an na dem koff myt der rechter hant. vnd dar na myt eyme zo tryt myt der lincker hant weder zom koff. slach ym na dem lincken beynn myt eym zo tryt. vnd dar na slach ym na dem rechten beyn myt der lincker hant myt eynem zo tryt. so synt dy iiij anbynd gerecht

Item eyn stuck vß dem rechten oberen anbyndunck. do wy du ym wylt recht anbynden vnd bynd ym lincks an so sleystu ym dy stangh vff vnd tryt ym zo ym kampfe

Item gut stuck ym anderen oberen anbyndunck. do as wuls du ym lincks anbynden vnd bynt ym rechs an so sleys du ym dy stangh vff vnd dan vall yme zo ym kampf

Item noch eyn stuck ym rechten vnder anbyndunck. *[fol. 22r]* do as wuls du ym recht anbynden vnd bynt ym lincks an vnd stoeß ym na der vnder bloeß

Bystu bedank
So slach eyme swynde na der hant.
Das stuck ist eyme icklichem neyt bekant

7 rechten] *über der Grundlinie eingefügt*
8 lincks an] lincksan *(senkrechte Linie als Worttrenner)*

D. GLOSSAR

Lesehilfen zum Sprachstand der Handschrift

Zum besseren Verständnis der ripuarischen und der süddeutsch/hochdeutsch gefärbten Lexeme im Kölner Fechtbuch sind die häufigsten Schreibereigenheiten und dialektalen Merkmale (im Verhältnis zum Neuhochdeutschen) hier als Übersicht und jeweils mit einigen Beispielen aus dem Text versehen zusammengestellt (alle Übersetzungen wörtlich statt sinngemäß und ohne eventuelle semantische Verschiebungen, dazu siehe Glossar). Zum Teil finden sich freilich mehrere Merkmale in einem einzigen Wort. Aufgrund der ripuarischen Mischsprachlichkeit beziehungsweise der bereits stattfindenden ‚Entregionalisierung' des Ripuarischen treten die folgenden sprachlichen Phänomene aber dennoch nicht immer konsequent ein.[1]

¶ Längenzeichen <i>, hier vornehmlich als <y>, zum Teil auch <e> oder noch seltener <j>, das heißt, der vorangegangene Vokal wird lang gesprochen (keine Umlautung, kein Dipthongierung): *loitt, loyt, loytt* ‚Lot', *aen* ‚an', *sweerd* ‚Schwert', *eersten* ‚ersten', *deen* ‚den' usw.

¶ Abweichungen im Vokalismus (zum Neuhochdeutschen): <a> für /o/, zum Beispiel *sall* ‚soll', *van* ‚von', *ader* ‚oder'; <o> für /ü/, zum Beispiel in *groen* für ‚grün' (hier mit Längenzeichen), *flogel* ‚Flügel', aber auch <o> für /u/, zum Beispiel in *zom* ‚zum', und <o> für /a/, zum Beispiel in *olber* ‚Alberner'; <u> für /o/, zum Beispiel in *vur* ‚vor', aber auch <u> für /i/, zum Beispiel in *suchs* ‚siehst' oder in *wuls* ‚willst'

1 Grundlegend: Hoffmann, passim; Macha, passim; Möller, passim; Paul, passim.

¶ Nicht eingetretene Dipthongierung /i/ > /ei/: *fry* ‚frei‘, *wijßs* ‚weißes‘ (hier mit Längenzeichen), *snyde* ‚Schneide‘, *des glichen* ‚desgleichen‘, *yn* ‚ein‘, *syte* ‚Seite‘, *dryben* ‚treiben‘ usw.

¶ Diphtongschreibung: <aw> für /au/, zum Beispiel *hawe* ‚hau‘ (Imperativ), <ew> für /au/ und /eu/, zum Beispiel in *hewen* ‚hauen‘, *hewe* ‚Haue‘ (Hiebe), *frewen* ‚freuen‘ usw.

¶ Unverschobenes, anlautendes /p/ in *pluck*, *ployg* ‚Pflug‘, *porte* ‚Pforte‘ usw.

¶ Inlautendes /v/ (<u>, <v>, selten <ff>) gegen /b/ in *aver* ‚aber‘, *ouer* ‚ober‘, *oven* ‚oben‘, *louenn* ‚loben‘, *vuer* ‚über‘, *gaffel* ‚Gabel‘, *blyue* ‚bleibe‘ (hier mit nicht eingetretener Diphtongierung) usw.

¶ Auslautendes <ff> für /b,p/ oder /pf/, zum Beispiel in *anderhalff* ‚anderthalb‘, *koff* ‚Kopf‘, *liff* ‚Leib‘ (hier mit nicht eingetretener Dipthongierung) usw.; auch in *vff* für *up*, *op* ‚auf‘ usw.

¶ Wiedergabe mit <ch> des ripuarisch spirantisch gebliebenen /g/ in *dach* ‚Tag‘, *ewech* ‚weg‘ usw., aber auch solches <ch> für /f/, z.B. in *lucht* ‚Luft‘; dagegen aber auch Wiedergabe mit <g> für /ch/, zum Beispiel in *hoyg* ‚hoch‘ (hier mit Längenzeichen) oder *glygen* ‚gleichen‘ (hier mit nicht eingetretener Diphtongierung)

¶ Überwiegen des postvokalischen <ch>-Ausfalls (auch nach Vokal mit Längenzeichen) in *nyt*, *neyt* ‚nicht‘, *neyster* ‚nächster‘ usw.

¶ Im Anlaut vor Konsonanten ersetzt der Dental /sch/ das konservative /s/ (*swert* ‚Schwert‘) nur vereinzelt (und dann gerne in der Fachlexik), so beispielsweise <sch> in *schylt* ‚Schild‘, *scharff* ‚scharf‘ usw.; nur einmal wird /sch/ als <sc> wiedergegeben, nämlich in *scleyt* ‚schlägt‘ (evtl. einmal mehr auf fol. 13v: *slecht* korrigiert aus *sclecht*)

¶ Ripuarisch *as* für ‚als‘ (nur im Stangenfechten)

¶ Metathesen: *weschel* ‚wechsel‘, *aschel* ‚Achsel‘ usw.

¶ Kontraktionen: *komstu* ‚kommst Du‘ usw. (Verb mit enklitischem Personalpronomen), seltenener *wastu* ‚was du‘ (Relativpronomen mit enklitischem Personalpronomen)

Dialektales, techno- und soziolektales Glossar

Ein Glossar für die Edition eines deutschsprachigen, mittelalterlichen oder frühneuzeitlichen Fechtbuches zusammenzustellen, birgt besonders dann Schwierigkeiten, wenn die überlieferten Traktate wie im vorliegenden Fall keiner bekannten und bereits wissenschaftlich edierten Texttradition angehören. Aufgrund der im Untersuchungsteil bereits dargelegten, insbesondere die Lexik betreffenden (semantischen) Verzerrungseffekte durch Geheimsprachliches, Fachlexik und Verballhornungen lässt sich nicht jedes Lexem zweifelsfrei erklären, insbesondere weil manches ‚Grundwissen' aus dem Text nicht hervorgeht und vom Verfasser vorausgesetzt wurde.[2]

Für die Erstellung des Glossars wurden die Fachtermini mit den Glossaren der Editionen weiterer Fechtbücher abgeglichen, die aber aus anderen Zeiten und Traditionen stammen, was im Sinne der Fehlerkritik dadurch zu einer gewissen Unschärfe führt. So stehen die Erklärungen der einzelnen Begriffe so wie sie aus den Kölner Traktaten hervorgehen neben den dazugehörigen Angaben aus weiteren Glossaren übriger edierter Fechtlehren. Ein solcher Abgleich zeigt zwar fallweise die Unterschiede in der Fachlexik zwischen den einzelnen Lehren und Texttraditionen auf, ist zum Teil jedoch äußerst problematisch: Während andernorts ein technolektales Kompositum auf -‚hau' einen einzelnen bestimmten Hieb, der Fachterminus des ‚Stücks' dagegen eine Serie von Techniken (wie solcher Hiebe) in Kombination benennt, vermischt der Verfasser des Kölner Fechtbuchs sämtliche Kategorien wie Hiebe, Leger/Huten und Stücke.

2 Weiterführend siehe Bauer, Fachsprache, passim.

Das Ordnungsprinzip der Lemmata folgt dem heutigem Alphabet unabhängig vom Lautwert und somit der (nicht normalisierten!) Schreibweise und Flexion des ersten Auftretens des jeweiligen Lexems.[3] Der Übersetzung des Begriffs folgt, falls nötig und möglich, eine kurze Beschreibung beziehungsweise ein kurzer Kommentar. Weiterführende etymologische Überlegungen sind dagegen im Fußnotenapparat zu finden.

3 Das Glossar basiert grundlegend auf: Baufeld, passim; Georg Friedrich Bennecke, Wilhelm Müller und Friedrich Zarncke: Mittelhochdeutsches Wörterbuch, 3. Bde., Leipzig 1872–78 (Neudruck Stuttgart 1992); Bergner/Giessauf, S. 299–302; Bernhard Beyer: Der niederrheinische Pesttraktat ‚Regimen de epidemia' des Broder Peter van Hemerden aus dem Jahre 1490, Teil II: Wörterbuch, Univ. Diss. Würzburg 2008, *http://www.opus-bayern.de/uni-wuerzburg/volltexte/2008/2752/pdf/Doktorarbeit_ganz_fertig.pdf*; Bodemer, S. 431–435; Jeffrey L. Forgeng: The Art of Combat. A German Martial Arts Treatise of 1570 by Joachim Meyer, London und New York 2006, S. 283–312; Frühneuhochdeutsches Wörterbuch, hrsg. von Ulrich Goebel und Oskar Reichmann, Berlin und New York (1986-) 1989ff., passim; Hagedorn, S. 322–325; Habel/Gröbel, passim; Beate Henning: Kleines Mittelhochdeutsches Wörterbuch, 4., verb. Aufl., Tübingen 2001, passim; Hull, Knightly, S. 205–212; Kluge. Etymologisches Wörterbuch der deutschen Sprache, bearb. von Elmar Seebold, 24., durchges. und erw. Aufl., Berlin und New York 2002, passim; Josef Müller (Hg.): Rheinisches Wörterbuch, 9 Bde., Bonn und Berlin 1928–1971, passim; Claus Priesner und Karin Figala (Hgg.): Alchemie. Lexikon einer hermetischen Wissenschaft, München 1998, passim; Verdenhalven, passim; Wierschin, S. 174–202; Gero von Wilpert: Sachwörterbuch der Literatur, 8., verb. und erw. Aufl., Stuttgart 2001; Adam Wrede: Neuer Kölnischer Sprachschatz, 3. Bde., 9. Aufl., 1984, passim. Darüber hinaus verwendete Literatur wird am jeweiligen Ort in Fußnoten ergänzt.

j, ij, iij, iiij, v: römische Zahlzeichen 1 bis 5

achselin, aschel, achsell: Achsel, Schulter

an bynde, anbinden, anbyndung, anbyndunck: anbinden, Anbindung. – Gemeint ist der Kontakt oder das Eingehen des Kontakts zweier Waffen (Bindung, Band) beziehungsweise eine Position, in der sich die Waffen berühren.

beyden (Verb): warten, abwarten, erwarten

bloyß, bloiß, bloeß: Blöße. 1) Ausgangsposition, Eröffnung. 2) Öffnung in der Deckung. – Im Bloßfechten – so ist auch aus anderen Fechtbüchern zu erschließen – gibt es als Hauptziele vier Blößen,[4] während dies im Kampffechten alle Stellen sind, an denen der Gegner durch Schwachpunkte des Harnischs bezwungen werden kann. Die Blößen basieren grundsätzlich auf der Einteilung des Körpers eines Fechters in zwei gedachte, gekreuzte Linien. Während sich in allen übrigen bekannten Fechttraktaten hierbei eine horizontale und eine vertikale Linie schneiden (vier Blößen: links oben, rechts oben, links unten, rechts unten), legt der anonyme Verfasser der Messerfechtlehre im Kölner Fechtbuch diese zwei Linien diagonal an (vier Blößen: oben, links, rechts, unten; fol. 14r). Im Text hält er diese Einteilung nicht ausnahmslos konsequent durch; so spricht er auch im Messerfechten an einer Stelle von der *rechten ouerbloyß* (fol. 14r). In seinem Traktat zum Fechten im langen Schwert sind die Blößen dagegen wie üblich eingeteilt (fol. 3r).

bogell: Bügel. – Mit dem Bügel ist hier eine Bewegung im (halbkreisförmigen?) Bogen gemeint, für die *bogell* hier als Fachbegriff zu stehen scheint.

4 Vergleiche hierzu: Wierschin, S. 177, Hagedorn, S. 322, Bergner/Giessauf, S. 301 und Forgeng, Art, S. 298.

bossen, boßenn: ‚Possen'[5], hier: (kunstgerechte) Kampfposition, (kunstgerechte) Körperhaltung im Rahmen einer bestimmten Fechtpraktik.[6]

brechenn: brechen. 1) (ein Körperteil) brechen. 2) gewaltsam eindringen, verwunden. 3) (einen Angriff) wirksam verteidigen (➛*broch, bruch)*

broch, bruch: Bruch. – In *eyn broch vuer...* im Sinne von Konter/ Gegenangriff bzw. Abwehr/Parade gegen die genannte Technik (also um diese Technik zu ➛*brechenn).*

bronße vß zuch: ‚Bronzener Auszug', ‚bronzenes (Aus-) Ziehen'. – Das Attribut *bronße* dient innerhalb des Kölner Fechtbuchs nicht als echtes Differenzierungsmerkmal, da kein weiterer *vß zuch* mit anderen Attributen in den Traktaten genannt ist. Dieser vielmehr über den metaphorisch-sinnentstellenden Zusatz

5 Die Etymologie des Begriffs *bossen, boßenn* als Fachbegriff der Fechtkunst ist nur schwer zu klären. Als ‚Possen' ist er hier sicher noch nicht negativ konnotiert (Grimm/Grimm, Bd. 2, Sp. 261f., dokumentieren Verwendungsweisen für ‚bosse'). So ist *mach gudt bossenn* (fol. 2r, 2v, 3r, ...) wohl im Sinne von ‚mach (dabei) eine gute Figur', vermutlich als Wendung aus der Theater- oder Bühnensprache zu verstehen (Fechten als Teil der *theatrica* innerhalb der *artes mechanicae*; vergleiche heute Posse als derb-komisches Bühnenstück). Schließlich gibt es doch insbesondere beim Kölner Fechtbuch Hinweise darauf, dass die Handschrift Techniken des Schulfechtens/Schaufechtens vermittelt (siehe hierzu oben im Text die Ausführungen zum Fechten im langen Schwert). Die ‚Pose' als künstliche Haltung ist nach Kluge, S. 714, erst ab dem 19. Jahrhundert im Gebrauch und kommt zur Herleitung hier also nicht in Frage. Der Begriff könnte darüber hinaus auch in Zusammenhang zu bringen sein mit mittelhochdeutsch *bôzen* ‚schlagen'; da der anonyme Verfasser mit dem ripuarischen Längenzeichen aber sehr konsequent umgeht, wäre im Text deshalb vermutlich eher **boyzen* oder **boysen* zu erwarten. Darüber hinaus scheint die Bedeutung m. E. nicht recht zu passen: *Stant yn bossen vnd kere den kleynnen fynger gegen den kneyffell vnd de stang gegen den man* (fol. 20v) weist vielmehr in das Wortfeld von Positionen, Figuren, (statischer) Körperhaltung und ähnlichem.

6 Für den Formulierungsvorschlag danke ich herzlich Prof. Dr. Thomas Gloning (Gießen).

bronße vielleicht bewusst verdunkelte Fachterminus aus dem Messerfechten der Kölner Handschrift bezeichnet ein spezielles ➤*stuck*, bei dem das Messer auf der rechten Seite des Körpers (aus der ➤*scheide*) gezogen wird (➤*vß zuch*). Der Begriff *bronße vß zuch* ist aus der übrigen Überlieferung nicht weiter bekannt. Zum (Farb- bzw. Metall-) Attribut *bronße* vergleiche auch die Analogien in ➤*gulden hewe*, ➤*gulden versetzynge* und ➤*yser porte*.[7]

bruch: Imperativ von ➤*bruchen* (Verb), aber auch ➤*broch, bruch* als Bruch (Substantiv von ➤*brechenn*)

bruchen: gebrauchen, benutzen, verwenden

buch: Bauch

dach: Tag. 1) Einer der oberen *leger*, bei dem der ➤*ort* nach oben zeigt (Liechtenauer-Tradition). 2) von oben in *van dach*. – Im Kölner Fechtbuch taucht der Ausdruck nur ein einziges Mal und in letzterem Zusammenhang auf: *was der man slecht van dach* [,] *das kan man dar myt* [nämlich mit dem ➤*olber*] *brechenn*. Dabei wird *van dach* nicht weiter erklärt, sondern als bereits bekannt vorausgesetzt. Da *van dach* keine allgemein verständliche Metapher für ‚von oben' ist, könnte hier auch eine geheimsprachliche Wortbildung zu Grunde liegen.[8]

degen: Dolch. – Zweischneidige, axial symmetrische Blankwaffe von weniger als 60 cm Gesamtlänge; erst später ging die Bezeichnung ‚Degen' auf die schwertartige Stichwaffe des (späteren) 16. Jahrhunderts über.[9] Die etymologische Herkunft ist unklar, doch vgl. die mittellateinische Bezeichnung *dagua, dagerius*, sowie französisch *dague*, englisch *dagger*.

dobelleren, doppelere: duplieren, verdoppeln. – Bei diesem ➤*stuck* wird (in der Liechtenauer-Tradition) durch Überkreuzen der

7 Siehe dazu die Ausführungen oben im Text zur Verflechtung der Wissensgebiete der Fechtkunst und der Metallurgie.

8 Vgl. Wierschin, S. 198.

9 O. Gamber: Dolch, in: Lexikon des Mittelalters III (1999), Sp. 1171.

Arme gegen Kopf und Arme geschlagen, der Angriff ist also gedoppelt, dupliert. Der Begriff wird im Kölner Fechtbuch an keiner Stelle erklärt, sondern als bereits bekannt vorausgesetzt.

dryangel, dryangell: Dreieck (‚Dreiwinkel'), erst davon entlehnt auch die Triangel (Musikinstrument). – Der Fechtterminus ist abgeleitet von einem imaginären Dreieck am Boden, das die Schrittfolge beschreibt. Im Kölner Fechtbuch wird das Stück zweimal beschrieben, nämlich sowohl im langen Schwert als auch im langen Messer. In beiden Fällen wird auch ein ➛*broch* darüber angegeben.

durch weschel: Durchwechsel(n). – Beim Versuch des Gegners, einen Hieb zu versetzen, lässt der Angreifer den Ort ➛*fry* – also vor dem Anbinden *(➛an bynde)* – unter die gegnerische Abwehr sinken, um auf der anderen Seite zu einer der Blößen zu stechen. Diese in der Liechtenauerschen Tradition überlieferte Aktion bildet im Kölner Fechtbuch ein ganzes ➛*stuck.*

entbloyß: (jmd./etw.) entblößen. – Der Fachbegriff beschreibt im Kölner Fechttraktat eine Aktion, mit der dem Gegner die Deckung eines bestimmten Körperteils genommen wird: *stoysz ym syn swert eweck* [,] *so entbloyß du ym syn koff* (fol. 5v). Dieses Körperteil, hier der ➛*koff,* wird dadurch zur ➛*bloyß.*

ewech, eweck: hinweg, weg, fort

eynhorn: Einhorn. – Ein in der Liechtenauer-Tradition aus dem ➛*sprech vinster* gerade nach dem Gesicht geführter Stich. Im Kölner Fechtbuch wird das *eynhorn* selbst jedoch nicht erklärt, sondern als bereits bekannt vorausgesetzt. Lediglich einen *bruch vuer den eynhorn* gibt der Traktat in dieser Handschrift an.

flech: Fläche der Klinge

flogel, flogell hew: Flügel, Flügelhieb. – Beim Flügelhieb wird, so ist aus der Liechtenauerschen Überlieferung bekannt, die nach unten weisende Schwertspitze mit erhobenen Händen hochgezogen. Im Kölner Fechtbuch wird der Flügelhieb als Hieb zwar häufig gebraucht, erklärt wird darüber hinaus jedoch nur ein Stück, das als *flogel* bezeichnet wird, nicht der *flogell hew* an sich.

flucks: flugs, sofort

foder hant: vordere Hand, Vorderhand

fry: frei. – 1) weit (vom Körper weg gestreckt), zum Beispiel in *streck dy arm fry* (fol. 2r).[10] 2) unbeschränkt, nicht gebunden (ohne ➛*an bynde*), zum Beispiel in *fry van beyden syten* (fol. 4r); wohl in dieser Bedeutung analog zum andernorts überlieferten ‚freien Hieb'[11] auch im Kompositum *fry stuck* als ein Stuck, das nicht aus einer ➛*an bynde* begonnen wird. 3) wohl analog zum andernorts überlieferten ‚freien Ort'[12] im Sinne von ‚nach Belieben angesetzt' in *ruck yn fry zo dyr* (fol. 16v).

gabelen, gabell, gaffel: Gabel. – Gemeint sind wohl wie andernorts in der Überlieferung gabel- oder zangenförmig gespreizte Finger oder Arme (oder Beine, vgl. fol. 11v: *stell dych in dy gabell*), doch der Begriff wird im Kölner Fechtbuch nicht erklärt, sondern vielmehr als bereits bekannt vorausgesetzt. Unwahrscheinlich erscheinen Zusammenhänge mit *gabel* als frühneuhochdeutsch Schlüsselbeine (und Brustbeinfortsatz) oder *gaffel* im Kölschen für Gilde.

gassen hewe, gaßen hewer: Gassenhauer. – Das Kompositum bezeichnet hier im wörtlichen Sinne und deshalb wahrscheinlich in der ursprünglichen Bedeutung einen oder mehrere ausladende und besonders bedrohlich wirkende Hiebe (hier zu einem ➛*stuck* zusammengefasst), welche die Gegner zur Seite oder zurück weichen lassen. So kann ein Durchgang durch die

10 Zum von Johannes Liechtenauer verachteten Kampfstil mit gestreckten Armen (aber ohne Kunst) siehe: Hils, Meister, S. 70, 109 und 307.

11 Hagedorn, S. 322: „Ein unbekümmerter Hieb, der geschlagen wird (und geschlagen werden kann) wenn keine Bindung vorliegt."

12 Wierschin, S. 180f.: „beliebig angesetzter Stich".

gegnerischen Reihen geschlagen werden, auch wenn im Kölner Fechtbuch nur von ein bis zwei Gegnern die Rede ist. Als Fechtterminus kommt der ‚Gassenhauer' darüber hinaus nur in einer weiteren, nicht aus der Liechternauerschen Tradition stammenden Handschrift aus der zweiten Hälfte des 15. Jahrhunderts vor. Die Techniken sind dort jedoch anderslautend beschrieben.[13] Unzulässig ist m. E., die etymologische Herkunft des ab dem 16. Jahrhundert als Synonym für ein auf der Straße gesungenes Lied (‚Schlager') nicht unter Einbezug der Fechtterminologie, sondern nur über das Grundwort *hauen* ‚eilen, laufen' zu bilden.[14]

geholtz, gehultz, gehults: Hilze, Griffhülse, Gefäß des Schwertes bestehend aus Knauf, Griff und Kreuz- oder Parierstange

gewapent: siehe ➛*wapen*

gewere: Waffe, Bewaffnung, Waffenausrüstung

gloysz (von mittellat. *glosa*, *glossa*): Glosse, Erklärung einer Textstelle, Kommentar. – Gemeint ist hier die Auslegung so genannter ➛*zedell*, jener vor allem für die Liechtenauersche Tradition so typischen Merkverse.[15]

gudt bossen: siehe ➛*bossen*

gulden hewe: Goldener Hieb. – Wie schon beim ➛*bronße uß zuch*, bei der ➛*yser porte* und bei der ➛*gulden versetzynge* wurde

13 München, Bayerische Staatsbibliothek, Cgm 558. Teilabdruck der Fechtlehre in Gustav Scherrer: Kleine Toggenburger Chroniken, St. Gallen 1874, S. 97–111, hier S. 101. Englische Übersetzung des gesamten Traktats: Jeffrey Hull: The Fight Book of Hugues Wittenwiller, in: John Clements: Masters of Medieval and Renaissance Martial Arts. Rediscovering the Western Combat Heritage, Boulder (Colorado, USA) 2008, S. 211–222, hier S. 215. Interpretationen: Welle, S. 106–110; Hils, Meister, S. 86f.; Wierschin, S. 27f.

14 Vergleiche hierzu Frühneuhochdeutsches Wörterbuch, Sp. 143, und Kluge, S. 332.

15 Siehe dazu die Ausführungen oben im Text zur sprachgeschichtlichen Untersuchung und zur Fechtlehre im langen Schwert.

hier ein von einem Metall abgeleiteter Farbton für den klassifizierenden (und vielleicht analog zu Metaphern wie ‚goldenes Zeitalter' oder ‚goldener Schnitt' als höchste Stufe der Fertigkeit idealisierenden) Zusatz wortbildend,[16] der hier aber bei einer Vielzahl von ➛*hewen* tatsächlich distinktiv ist.

gulden versetzynge: Goldene Versetzung. – Gemeint ist hier eine besondere Versetzung *(➛versetzen)*, die aber im Kölner Fechtbuch nicht erklärt wird, sondern als bereits bekannt vorausgesetzt wird. Zum Attribut *gulden* siehe auch ➛*yser porte*, ➛*bronße uß zuch* und ➛*gulden hewe.*

hangend ort: Hängende Schwertspitze. – Gemeint ist ein ➛*leger* beziehungsweise eine ➛*hoyt*, bei dem die Spitze des in hoher Haltung befindlichen Schwertes nach unten hängt und nach vorne zum Gegner zeigt. Im Kölner Fechtbuch ist zweimal die Rede vom *hangend ort* (foll. 14v und 17r), doch der Begriff wird im Text nicht erklärt, sondern vielmehr als bereits bekannt vorausgesetzt.

hawen, hewen: hauen, einen Hieb *(➛hew)* ausführen

hefft: Griff (der Waffe)

helbartten: Hellebarde (Stangenwaffe)

hertz kuyll: ‚Herzkuhle'. – Als medizinischer Begriff bezeichnet die *hertz kuyll* eigentlich die Herzgrube, das Präkordium;[17] hier jedoch wahrscheinlicher als Bezeichnung der Magengrube verwendet: *setz ym den elbogen yn dat hertz kuyll* (fol. 11v).[18]

hew: ‚Hau', Hieb. – Oftmals als Kompositum auftretend, so zum Beispiel in *myttel hew* (‚Mittelhau': horizontaler Hieb), *over hew* (‚Oberhau': von oben geführter Hieb) und so weiter (wei-

16 Siehe dazu die Ausführungen oben im Text zur Verflechtung der Wissensgebiete der Fechtkunst und der Metallurgie.

17 Beyer, S. 96.

18 Vergleiche *herzgrüblein* als Magengrube bei Baufeld, S. 126.

tere Hiebe hier im Glossar unter der jeweils ersten Konstituenten des Kompositums zu finden).

hoyg: hoch

hoyt: Hut (Femininum; im Sinne von ‚auf der Hut sein'), Behütung, Schutz im Allgemeinen. – Hier einmalig auftretendes Synonym zum ansonsten häufig gebrauchten ➛*leger* (dagegen *hoyt* nur auf fol. 12r): standardisierte Körperposition; Ausgangs- und Endposition von ➛*hewen* und ➛*stucken*, mit der eine der ➛*bloyßen* gedeckt wird.

item (als Adverb vom lat. Partikel *item*): ebenso, desgleichen, ferner, weiter. – Gliederungseinheit, Punkt in einer Aufzählung (derart im Frühneuhochdeutschen sogar in substantivischer Verwendung als das *Item*).[19]

knee bogen: Kniekehle

kneuell, kneyffell: Knebel. – Zum Blatt des Spießes quer liegendes Element, das ein zu tiefes Eindringen der Waffe in das gejagte Wild beziehungsweise den Gegner verhindert.[20]

knouff, knauff: Knopf, Knauf, hier der Schwertknauf

knuchell: Knöchel

koff: Kopf

kortze snyde: siehe ➛*snyde*

krom: krumm. – Als *krom anbyndung* ‚krummes Anbinden' (fol. 7v auch: *byndt ym kromß an*) wird ein ➛*stuck* bezeichnet, welches das Anbinden (➛*an bynde*) auf der gegenüberliegenden Seite vortäuscht.

krutz: Kreuz (Teil der Waffe), Parierstange (siehe auch ➛*schylt, schilt*)

krutzwerß: überkreuzt

19 Zu substantivischen Verwendung siehe Frühneuhochdeutsches Wörterbuch, Sp. 238.

20 Siehe dazu die Ausführungen oben im Text zur Fechtlehre im Schweinespieß.

kurtze fynger: ‚kurze Finger'. – Gemeint sind hier vermutlich gebeugte Finger (antonymisch zu gestreckten Fingern): *in allem Ryngen gryff eynen man myt kurtzen fyngern* (fol. 11r).

kuyll: siehe ➛*hertz kuyll*

langer stich: langer Stich. – Stich über eine lange Distanz mit gestreckten Armen (andernorts in der Überlieferung auch *langer ort* oder *lang ortt* genannt)[21].

lange snyde: siehe ➛*snyde*

leger: ‚Leger', Lager. – Ausgangs- und/oder Endposition eines Angriffs, mit der eine der Blößen *(*➛*bloyß)* gedeckt wird; im Sinne von ‚angemessene Lagerung' der Waffe als Bezeichnung der Stellung der Waffe, nicht des Kämpfers (so genannte ➛*hoyt*).

leue: Löwe

loitt, loyt, loytt: Lot (Maßeinheit von hier knapp 15 Gramm)

messer, meßer: Messer. – Innerhalb spätmittelalterlicher und frühneuzeitlicher Fechtlehren bezeichnet der Fachterminus ‚Messer' ausschließlich eine Waffe von schwertartiger Länge, das so genannte lange (Streit-) Messer, das heißt, eine einschneidige Waffe mit gekrümmter, langer Schneide und einer stumpfen oder nur am vorderen Ende scharfen kurzen Schneide.[22]

nemen: siehe ➛*swert nemen*

nidich: hasserfüllt, feindselig; wütend

ocks: Ochse. – In der Liechtenauer-Tradition einer der oberen ➛*leger*, bei dem ein Fuß vorgesetzt wird und das ➛*geholtz* auf der anderen Seite zum Schutz vor das Gesicht gehalten wird, während der ➛*ort* gegen des Gegners Gesicht zeigt. Im Kölner Fechtbuch bezeichnet der Begriff *ocks* ein ➛*stuck* im langen Schwert; die Fechtlehre im (langen) Messer beinhaltet *eyn stuck vß dem ocksen* (foll. 15r-v), wo der Begriff wahrscheinlich den andernorts aus der Überlieferung bekannten ➛*leger* meint.

21 Wierschin, S. 185.

22 Gamber, Messer, Sp. 560f.; Meinicke, S. 607f.

olber: ‚Alberner', Narr.[23] – In der Liechtenauer-Tradition einer der unteren ➛*leger*, bei dem ein Fuß vorgesetzt und der ➛*ort* mit fast gestreckten Armen zur Erde gerichtet ist; in den oberdeutschen Fechthandschriften in der Regel als *alber* bezeichnet. Im Kölner Fechtbuch bezeichnet der Begriff *olber* dagegen ein ➛*stuck* im langen Schwert, bei dem das Schwert ganz anders, nämlich nach oben *yn dy lucht* manövriert wird. Die Ausgangsposition dafür wird sehr wahrscheinlich der (hier ungenannte, aber aus anderen Fechtlehren bekannte) ➛*leger* namens *alber* sein.

ort: Schwertspitze, auch Stich

over/ouer hewe: siehe ➛*hew*

ouer lauff: wohl synonym zu ➛*vuerlauffen*

pluck, ployg: Pflug. – In der Liechtenauer-Tradition einer der unteren ➛*leger*, bei dem der ➛*ort* gegen das Gesicht des Gegners gerichtet ist. Im Kölner Fechtbuch bezeichnet der Begriff *pluck* zunächst ein ➛*stuck* im langen Schwert (foll. 4v–5r), das auf dem andernorts überlieferten ➛*leger* namens ‚Pflug' grundlegend basiert. In der Kölner Messerfechtlehre ist darüber hinaus ein *stuck ym ployg* überliefert (foll. 15v–16r), innerhalb dessen mit dem Begriff ‚Pflug' höchstwahrscheinlich der genannte

23 Forgeng, Art, S. 292 und S. 311: „Fool". Vergleiche hierzu auch Wierschin, S. 175 („Die Bezeichnung wird [...] auf mhd. *alwaere*, *alber*, frühnhd. *alber* zurückzuführen sein.") und Jeffrey L. Forgeng (Hg.): The Medieval Art of Swordsmanship. A Facsimile & Translation of Europe's Oldest Personal Combat Treatise, Royal Armouries MS. I.33, Union City (CA, USA) 2003, S. 152 (*albersleiben* als einer von mehreren deutschsprachigen Fachlexemen in einer ansonsten lateinisch verfassten Fechthandschrift vom Anfang des 14. Jahrhunderts).

24 Ob der fechtspezifische Terminus auf fol. 15r *relyn* oder *relyn bruch* heißt, ist auf den ersten Blick uneindeutig. Die Rubrizierung ist hier irreführend, weil sie über die Satzgrenze hinaus das Prädikat des nächsten Satzes einbezieht. Gleichzeitig sind die Wortklassen bei *bruch* und *hawe* nicht klar und waren vielleicht schon dem (Ab-) Schreiber und/oder Rubrikator nicht klar (beide können hier sowohl Verb im Imperativ als auch als Substantiv sein): *Item eyn stuck heyst das* ***relyn*** [:] ***bruch*** [gebrauche] *den flogell hawe* [Flügel-

➛*leger* gemeint sein dürfte, doch wird er im Text nicht erklärt, sondern vielmehr als bereits bekannt vorausgesetzt.

relyn: Rehlein.[24] – Vermutlich war ein springendes Rehkitz als Metapher wortbildend für den (aus anderen Überlieferungen nicht bekannten) Fachterminus, der das viermalige Schlagen des ‚Flügelhiebes' *(*➛*flogell hawe)* in Folge meint.

ruck: Rücken. – 1) Körperteil in *so wyrff du yn vff syn ruck* (fol. 7r). 2) Rücken (Rückseite) der Waffe, zum Beispiel in *lech das swert vff den ruck* (fol. 2r) oder in *lech das messer vff den ruck* (fol. 13r).

rucken: rücken. – Hier bezeichnet *rucken* (an etwas oder jemandem) kräftig ziehen/schieben, was einen Wurf einleiten kann.

Salamonias: Salmiak, Ammoniumchlorid (CH_4Cl)

Salpeter: Kaliumnitrat (KNO_3)

schedeler: ‚Scheiteler', Scheitelhieb.[25] – Vertikaler Hieb mit der langen Schneide von oben auf die Kopfmitte (Scheitel) des Gegners.

---

hieb] *iiij mayl an eym stuck.* Dagegen m. E. unwahrscheinlicher: *Item eyn stuck heyst das* ***relyn bruch*** [:] *den flogell hawe* [schlage] *iiij mayl an eym stuck.* Vergleiche hierzu die Analogie im Sprachduktus und die Redundanz im letzten Satzteil bei der darauffolgenden Technik: *Item eyn bruch vuer den* ***eynhorn*** [:] *alß du sychs* [,] *das eyner den eynhorn brucht* [,] *so bruch den flogell hew* (fol. 15r). Darüber hinaus überwiegt die Verwendung des Kompositums ‚Flügelhieb' gegenüber ‚Flügel' in der gesamten Handschrift deutlich.

25 In den oberdeutschen Überlieferungen der Lehre Liechtenauers als *schaittelhaw, scheytelhau, schaytler* (Wierschin, S. 191) und *scheitler* (Bergner/Giessauf, S. 302) bezeichnet, d.h. die Bildung ist hier zweifelsfrei auf mittelhochdeutsch *scheitel(e)* ‚Scheitel', nicht aber auf mittelhochdeutsch *schedel* ‚Schädel' zurückzuführen. Im Kölner Fechtbuch dagegen ist eine etymologische Erklärung aufgrund der ripuarisch-hochdeutschen Mischsprachlichkeit wesentlich diffiziler, da für den (nur ein einziges Mal auftretenden!) *schedeler* sowohl ripuarisch/mittelniederdeutsch *schedel* ‚Scheitel' als auch ein süddeutsches/(frühneu-) hochdeutsches *schedel* ‚Schädel' in Frage kommen. Letztgenanntes scheint aus Analogiegründen zur vielfachen oberdeutschen Überlieferung unwahrscheinlich, obwohl das vor dem Hintergrund der zunehmenden sprachlichen Entregionalisierung ‚trendwidrig' erscheint. Da der Begriff nur ein einziges Mal im Text gebraucht wird, sind auch Verballhornung und Verschreibung nicht auszuschließen.

scheide: Scheide. – Gemeint ist hier wahrscheinlich die Schwertscheide (*Item wy eyn man van scheiden zyn sall*, fol. 15v), jedoch bezeichnet der Begriff in der Liechtenauer-Tradition jede Art von Bindung (➛*an bynde*), auch zwischen Waffe und Hand.

scheller: ‚Scheller'[26] (jemand, der Schellen ertönen lässt), Glöckner. – Hier bezeichnet der *scheller* ein ➛*stuck*, bei dem dreimal in kurzer Folge die Klingen (vgl. Etymologie ‚Klinge') laut tönend aufeinander schlagen. Denkbar, aber m. E. unwahrscheinlicher, wäre auch eine Herleitung über die bedeutungsgleiche Kürzung aus Maulschelle. Das ➛*stuck* ist aus anderen Überlieferungen nicht bekannt.

scheyden: scheiden, trennen, lösen (auf fol. 15v im Imperativ *scheyd* emendiert aus *scheyder*)

schilder: ‚Schieler', Schielhieb.[27] – In der Liechtenauer-Tradition ein *over* ➛*hew* mit mehreren Varianten, denen gemeinsam ist, dass nicht auf die Körperpartie geschaut wird, nach der der Angriff geführt wird, um den Gegner zu täuschen (es wird also ‚geschielt').

26 Siehe auch Anm. 27.

27 Der Fachbegriff erfährt bereits innerhalb der Liechtenauer-Überlieferung eine Verballhornung (und damit eine Bedeutungsaufspaltung) vom *schilhaw* zum *schiller* (von ‚schillern': glänzen), *schieler* (von ‚schielen': schief blicken), *schilcher* (ein auch als *scheller* bezeichneter schillernder Stoff; ein stuck namens *scheller* ist im Kölner Fechtbuch ebenfalls überliefert, siehe dort). Der *schilder* im Kölner Fechtbuch ist demnach durch eine (abseits von Verschreiber/Abschreibefehler, Verballhornung oder Unkenntnis/Unverständnis des Schreibers) nicht weiter erklärbare Dissimilation von /ll/ zu /ld/ aus der bereits verballhornten Form *schiller* entstanden. Vergleiche dazu Wierschin, S. 191, und Kluge, S. 802f.

schyll slach: ‚Schielschlag' (siehe ➛*schilder:* ‚Schieler', Schielhieb).[28]

schylt, schilt: Schild. – Zunächst bezeichnet *schylt, schilt* die Defensivwaffe. Innerhalb des Kölner Fechtbuchs taucht der Fachbegriff aber ausschließlich im Traktat zum Fechten im langen Schwert auf, wo ein Schild nicht geführt wird. So steht der Begriff hier wohl entweder für Schutz allgemein oder auch übertragen für Bewaffnung allgemein; er könnte aber dem sprachlichen Gebrauch nach auch einen speziellen, aber im Text nicht weiter erklärten ➛*leger* bezeichnen, so in *slach vß dem schylt* (fol. 5r) oder *so lege yn den schylt* (fol. 6r). Genauso wäre ein übertragener Gebrauch für Schutz durch das ➛*krutz* denkbar, vor allem in *halt den schilt vur den koff* (fol. 4v).

seigern: versiegen lassen, seihen, filtern. – ‚Seigern' ist heute noch Fachwort für einen bestimmten Prozess zur Aufreinigung von Metallen wie Kalium oder Zinn.[29]

seyer: Imperativ von ➛*seigern*

snyde: Schneide

snyde, kortze: ‚Rückseite' der Klinge; Klingenseite in Verlängerung des Daumens

snyde, lange: ‚Vorderseite' der Klinge; Klingenseite in Verlängerung der Fingerknöchel

Spainsgroen: spanisches Grün, Spangrün, Grünspan

28 Ein *schilslach* ist als Schreibvariante zu *schiltslach, schiltslac, shiltslac* überliefert in einer ansonsten fast ausschließlich lateinisch verfassten Fechthandschrift vom Anfang des 14. Jahrhunderts (Forgeng, Medieval, S. 152). Dort bezeichnet der Fachbegriff einen Schlag mit einem Faustschild (Buckler) – ein solcher kommt in den Techniken des Kölner Fechtbuchs jedoch nicht vor. Deshalb ist *schyll slach* hier höchstwahrscheinlich als Synonym zu *schilder* zu verstehen (siehe dort).

29 Hollemann/Wiberg, S. 961.

sprech vinster: ‚Sprechfenster'. – In der Liechtenauer-Tradition bezeichnet das *sprechvenster*[30] sowohl eine Stellung oder Kampfsituation, in der die Waffen eine Art Fensterkreuz bilden, als auch die Spitze des ausgestreckt nach vorn gehaltenen Schwertes, die den Gegner bedroht. Im gleichnamigen ➛*stuck* im Kölner Fechtbuch bilden die Arme allem Anschein nach das der Metapher zu Grunde liegende Fensterkreuz, nämlich so, *das dyn armen krutzwerß synt* [,] *so sychstu dar zußen vß* (fol. 5r).

stange, stangh: 1) Stange (Schaft). 2) Stange (Waffe).

sterck, starck: Stärke. – 1) Teil der Schwertklinge vom ➛*geholtz* bis zur Mitte, welcher der Hebelwirkung nach den ‚stärkeren' Teil bildet (so auch ins Ringen übertragen), vergleiche ➛*swech.* 2) (körperliche) Stärke.

stortz: Sturz. – Gemeint ist wohl ein Angriff durch eine vorwärts ‚stürzende' Köperbewegung, also *ym stortz;* andernorts in der Überlieferung ist vom *sturtzhaw*[31] beziehungsweise *sturzhau*[32] die Rede, dem „durch eine ‚stürzende' Körperbewegung beim Vorsetzen des Fußes Nachdruck verliehen wird".[33]

streych: Streich, Schlag, Hieb.

stuck: ‚Stück'. – Fachterminus für Angriffskombination, Übungseinheit, Technik.

swech, swecht: Schwäche. – 1) Teil der Schwertklinge von der Mitte bis zum ➛*ort*, welcher der Hebelwirkung nach den ‚schwächeren' Teil bildet (so auch ins Ringen übertragen), vergleiche ➛*sterck.* 2) (körperliche) Schwäche.

swert nemen (Kompositum als Substantiv): ‚Schwertnehmen' (foll. 6v–7r: *eyn swert nemen*). – Fachbegriff für Entwaffnung, Entwaffnungstechnik.

30 Wierschin, S. 193; Bergner/Giessauf, S. 302.
31 Wierschin, S. 194.
32 Bergner/Giessauf, S. 302.
33 Wierschin, S. 194.

swyndt, swynde: schnell, heftig, stark, kräftig, gewaltig, grimmig, gefährlich, aber auch durchtrieben, gewandt, geschickt

swynspeyß: Schweinespieß, Saufeder (Jagdwaffe)

vnder lauff: Unterlaufen. – Das (antonymische) ➛*vuerlauffen* bezeichnet andernorts in der Überlieferung einen Angriff auf die oberen Blößen (➛*bloyß*) des Gegners, während dieser zu den unteren Blößen zu schlagen versucht. Das versteht auch der Verfasser des Kölner Fechtbuchs unter dem ➛*vuerlauffen*. Analog dazu wird der *vnder lauff* als (wahrscheinlich waffenloser) Angriff auf die unteren Blößen des Gegners zu verstehen sein, während dieser oben eine ➛*an bynde* eingeht. Doch wie auch das ➛*vuerlauffen* wird der *vnder lauff* im Kölner Fechtbuch nicht erklärt, sondern als bereits bekannt vorausgesetzt.

van dach: von oben, siehe ➛*dach*

veder (vmb), vidder (vmb), vydder: wieder(um)

verkerer: Verdreher. – In der Liechtenauer-Überlieferung meint der *verkerer, verkehrer*[34] einen Stich mit dem im Band (➛*an bynde*) um 180° gedrehten Schwert. Das gleichnamige ➛*stuck* im Kölner Fechtbuch scheint im Grundsatz jedoch anders komponiert, da das über dem Kopf gehaltene Schwert zunächst mit dem ➛*ort* hinter dem Körper zu Boden zeigt: *lech dyn swerd vuer den koff. layß den ort hinder nidder sincken* (fol. 5r).

versetzen: abwehren, parieren, zur-Seite-setzen, ablenken. – Die aus der Liechtenauer-Überlieferung bekannten *vier versetzen*[35] sind normierte Techniken, mit denen die grundlegenden ➛*leger* gebrochen (➛*broch*) werden. Allgemeiner bedeuten die *versetzen* meist abwertend einfache Paraden, mit denen der Gegner keine Bedrohung aufrechterhält.[36] Im Kölner Fechtbuch dürfte der häufig auftauchende Begriff in letzterer Bedeutung gebraucht sein, jedoch nicht zwangsläufig immer als Pejorativ.

34 Wierschin, S. 196.
35 Ebd., S. 113 und 196f.
36 Hagedorn, S. 325.

versetzungk: Substantiv zu ➛*versetzen*

verstell voyß: ‚Stellfuß'. – Was mit diesem nicht weiter erklärten, sondern vielmehr als bereits bekannt vorausgesetzten ➛*stuck* gemeint ist, bleibt unklar. Der Verfasser des Kölner Fechtbuchs spricht lediglich die Warnung aus, ihn mit Verstand zu gebrauchen: *den bruch myt synnen* [,] *wyltu pryß gewynnen* (fol. 15r). Vielleicht ist der Fuß gemeint, über den (der Gegner) geworfen wird (vgl. ‚jemandem ein Bein stellen').

veruerß du: verdirbst du (2. Person Singular Präsens von fnhd. *veruarn, vervarn:* verderben)

verzocking: ‚Verzucken'. – Mit dem *ferzucken*[37] ist in der Liechtenauer-Tradition gemeint, plötzlich ruckartig die Richtung des Angriffs zu ändern (siehe auch ➛*zocken*). Im Kölner Fechtbuch wurde auf Basis solcher angedeuteter ➛*an bynde* ein ganzes ➛*stuck* komponiert.

Victoriale, wijßs: weißes Vitriol, Zinksulfat ($ZnSO_4 \cdot 7\ H_2O$)

vort: vorwärts, vor, weiter

voysz, voyß: Fuß

vßwyck: an der Außenseite, außerhalb

vß zehen: siehe ➛*vß zuch*

vß zuch: Herausziehen (Substantiv). – Gemeint ist das Ziehen der Waffe (aus der ➛*scheide*) allgemein oder eine spezielle Form davon, wie z.B. der ➛*bronße vß zuch* (fol. 15v).

vuerlauffen: Überlaufen. – Das Überlaufen bezeichnet andernorts in der Überlieferung einen Angriff auf die oberen Blößen (➛*bloyß*) des Gegners, während dieser zu den unteren Blößen zu schlagen versucht (siehe auch ➛*vnder lauff*). Das versteht auch der Verfasser des Kölner Fechtbuchs unter dem *vuerlauffen*, doch der Begriff wird im Text nicht erklärt, sondern vielmehr als bereits bekannt vorausgesetzt.

wage: Gleichgewicht

---

37 Wierschin, S. 180.

wapen: bewaffnen, hier auch im Sinne von schützen oder decken

wenden: wenden. – In der Liechtenauer-Tradition wird beim *wennden, wenden,*[38] *winden*[39] die Waffe abhängig von dem vom Gegner ausgeübten Druck gegen oder um sein Schwert herumgewunden, wodurch das Schwert in der Bindung immer so ausgerichtet wird, dass der ➛*ort* den Gegner bedroht. Das versteht auch der Verfasser des Kölner Fechtbuchs unter dem *wenden*, doch der Begriff wird im Text nicht erklärt, sondern vielmehr als bereits bekannt vorausgesetzt.

wendt: Imperativ von ➛*wenden*

winde: Substantiv von *winden* ‚winden'

weschel, wescheler: Wechsel, Wechsler. – Der *wechsel, wechßler, wechselhau*[40] ist ein auch andernorts überlieferter Angriff, während dessen von einem Hieb in einen anderen gewechselt wird, ggf. unter Wechsel der angreifenden Klingenseite. Im Kölner Fechtbuch wird der Begriff im Text nicht erklärt, sondern vielmehr als bereits bekannt vorausgesetzt.

wijßs Victoriale: siehe ➛*Victoriale, wijßs*

ymwyck, ynwynicher: an der Innenseite, innerhalb

yser porte: ‚Eiserne Pforte'. – Der Begriff ist im Kölner Fechtbuch ein ➛*stuck* aus einer Verteidigungsstellung, bei der man den ➛*ort* vor sich gegen die Erde richtet (eventuell identisch dem ➛*olber*). Andernorts aus der Überlieferung ist die ‚Eiserne Pforte' zwar hinreichend bekannt, nicht aber traditionell bei Liechtenauer:[41] So wird ein gleichnamiges, „fechterisches Glanzstück aus dem Schulfechten"[42] drei frühen Fechtmeistern namens Andreas dem Juden, Jost von der Neißen und Niclas

38 Wierschin, S. 200.
39 Bergner/Giessauf, S. 302.
40 Wierschin, S. 199.
41 Siehe Forgeng, Art, S. 295, dazu auch Hergsell, S. 516; jedoch nicht aufgeführt bei Wierschin oder Bergner/Giessauf.
42 Leng, Andreas, S. 211.

Preuß zugeschrieben (14. Jahrhundert) und auch in der italienischen Überlieferung ist der Fachbegriff *porta di ferro* schon aus den ältesten Handschriften bekannt (Fiore dei Liberi, Anfang 15. Jahrhundert).[43] Zum (Farb- bzw. Metall-) Attribut *yser* vergleiche auch die Analogien in ➛*bronße vß zuch*, ➛*gulden hewe* und ➛*gulden versetzynge.*[44]

zedell: eigentl. Blättchen Papier, Zettel, Urkunde (lat.: *schedula*). – Gemeint sind hier die für die Liechtenauersche Tradition typischen Merkverse.[45]

zehen: (die Waffe) ziehen (Substantiv: ➛*vß zuch*)

zock: Imperativ von ➛*zocken*

zocken: zucken. – In der Liechtenauer-Tradition bezeichnet das *zucken*[46] ein ruckartiges Zurückziehen der Waffe, um die Bindung *(*➛*an bynde)* zu lösen und einen Stich zur anderen Seite der gegnerischen Klinge zu führen (siehe auch ➛*verzocking*). Im Kölner Fechtbuch wird der bedeutungsgleiche Begriff im Text nicht erklärt, sondern vielmehr als bereits bekannt vorausgesetzt.

zom: zum

zorn hew: ‚Zornhieb' – In der Liechtenauer-Tradition bezeichnet der *zorn haw, zorenhau*[47] einen von der rechten oder linken Achsel mit Körperbewegung und großer Kraft gerade auf den Gegner geführten Hieb. Im Kölner Fechtbuch wird der wohl

43 John Clements: Fiore dei Liberi: 15th-Century Master of Arms, in: ders. (Hg.): Masters of Medieval and Renaissance Martial Arts. Rediscovering the Western Combat Heritage, Boulder (Colorado, USA), S. 117–142, hier insbesondere S. 126.

44 Siehe dazu die Ausführungen oben im Text zur Verflechtung der Wissensgebiete der Fechtkunst und der Metallurgie.

45 Siehe dazu die Ausführungen oben im Text zur Sprache des Kölner Fechtbuchs und zur Fechtlehre im langen Schwert.

46 Wierschin, S. 201; Bergner/Giessauf, S. 302.

47 Ebd., S. 200.

bedeutungsgleiche, häufig gebrauchte Begriff im Text nicht erklärt, sondern vielmehr als bereits bekannt vorausgesetzt.

zorn stych: In der Liechtenauer-Tradition wird ein Stich mit Körperführung, zu dem das Schwert über das Haupt gehoben und weit ausgeholt wird, als *zornort* bezeichnet.[48] Im Kölner Fechtbuch wird der analog gebildete Begriff *zorn stych* im Text nicht erklärt, sondern vielmehr als bereits bekannt vorausgesetzt. Als Technik aus dem Messerfechten wird er unterschieden in *vnder zorn stych* (fol. 16v) und *ouer zorn stych* (fol. 16v).

zuch: Imperativ (und auch Substantiv in ➤*vß zuch*) von ➤*zehen*

zuck: Imperativ von ➤*zocken*

zußen, zußenn: zwischen (fol. 5r, unten: *dar zußen*: dazwischen)

48 Vergleiche hierzu Wierschin, S. 200f.

Literaturverzeichnis

Alston, Robin Carfrae: Books with Manuscript. A Short Title Catalogue of Books with Manuscript Notes in the British Library. Including Books with Manuscript Additions. Proof Sheets, Illustrations, Corrections, London 1994.

Anglo, Sydney: The Martial Arts of Renaissance Europe, New Haven und London 2000.

Arbeitskreis „Editionsprobleme der Frühen Neuzeit": Empfehlungen zur Edition frühneuzeitlicher Texte, *http://www.ahf-muenchen.de/Arbeitskreise/empfehlungen.shtml*

Assion, Peter: Altdeutsche Fachliteratur, Berlin 1973 (= Grundlagen der Germanistik 13).

Bauer, Matthias Johannes: Die unbekannte illustrierte Fechthandschrift des Hugold Behr. Vorbemerkungen zur Edition von Rostock UB Mss. var. 83 (16. Jhd.), in: Medium Aevum Quotidianum 55 (2007), S. 80–85.

Fachsprache und/oder Geheimsprache – Sondersprachliches in frühneuhochdeutschen Ring- und Fechtlehren. Probleme und Perspektiven eines germanistischen Untersuchungsansatzes, in: Fachprosaforschung – Grenzüberschreitungen 4/5 (2008/09), im Druck.

Der *modus dimicandi* des Magisters H. Beringois in ThULB Jena, Ms. G. B. f. 18a. Der zweitälteste deutschsprachige Fechttraktat und sein Verhältnis zur Lehre Johannes Liechtenauers, vsl. in: Medium Aevum Quotidianum 59 (2009), in Vorb.

Baufeld, Christa: Kleines frühneuhochdeutsches Wörterbuch. Lexik aus Dichtung und Fachliteratur des Frühneuhochdeutschen, Tübingen 1996.

Bein, Thomas: Editionsprinzipien für deutsche Texte des späten Mittelalters und der frühen Neuzeit, in: Besch, Werner u.a.

(Hgg.): Sprachgeschichte. Ein Handbuch zur Geschichte der deutschen Sprache und ihrer Erforschung, 2., vollständig neu bearbeitete und erweiterte Auflage, 4. Teilband, Berlin und New York 2004, S. 923–931.

Textkritik. Eine Einführung in Grundlagen germanistischmediävistischer Editionswissenschaft, Frankfurt am Main u.a. 2008.

BENNECKE, Georg Friedrich, Müller, Wilhelm und Zarncke, Friedrich: Mittelhochdeutsches Wörterbuch, 3. Bde., Leipzig 1872–78 (Neudruck Stuttgart 1992).

BERGNER, Ute und Giessauf, Johannes (Hgg.): Würgegriff und Mordschlag. Die Fecht- und Ringlehre des Hans Czynner (1538). Universitätsbibliothek Graz Ms. 963, Graz 2006.

BESCH, Werner: Zur Edition von deutschen Texten des 16. Jahrhunderts, in: Alemannica. Landeskundliche Beiträge. Festschrift für Bruno Boesch, zugleich Alemannisches Jahrbuch 1973/75, S. 392–411.

BEYER, Bernhard: Der niederrheinische Pesttraktat ‚Regimen de epidemia' des Broder Peter van Hemerden aus dem Jahre 1490, Teil II: Wörterbuch, Univ. Diss. Würzburg 2008, *http://www.opus-bayern.de/uni-wuerzburg/volltexte/2008/2752/pdf/Doktorarbeit_ganz_fertig.pdf*

BISCHOFF, Bernhard: Paläographie des römischen Altertums und des abendländischen Mittelalters, 3. Aufl., Berlin 2004.

BISCHOF, Frank: Methoden der Lagenbeschreibung, in: Scriptorium 46 (1992), S. 3–27.

BODEMER, Heidemarie: Das Fechtbuch. Untersuchungen zur Entwicklungsgeschichte der bildkünstlerischen Darstellung der Fechtkunst in den Fechtbüchern des mediterranen und westeuropäischen Raumes vom Mittelalter bis Ende des 18. Jahrhunderts, Diss. Stuttgart 2008, *http://elib.uni-stuttgart.de/opus/volltexte/2008/3604/pdf/Fechtbuch.pdf*

BOESELAGER, Elke von: Schriftkunde. Basiswissen, Hannover 2004 (= Hahnsche historische Hilfswissenschaften 1).

BREY, Gerhard: Salmiak, in: Priesner, Claus und Figala, Karin (Hgg.): Alchemie. Lexikon einer hermetischen Wissenschaft, München 1998, S. 317f.

BUNTZ, Herwig: Deutsche alchimistische Traktate des 15. und 16. Jahrhundert, Diss. München 1968.

BUSSMANN, Hadumod: Lexikon der Sprachwissenschaft, 3., aktualisierte und erw. Aufl., Stuttgart 2002.

CAMILLE, Michael: Image on the Edge. The Margins of Medieval Art, 5. Aufl., London 2008.

CHELAK, Gary: Italian Circle Theory. A Study of the Applied Geometry of the Italian Renaissance, in: Hand, Stephen (Hg.): Spada 2. Anthology of Swordsmanship, Highland Village, Texas (USA) 2005, S. 77–89.

CHRONIK ALTER KAMPFKÜNSTE. Zeichnungen und Texte aus Schriften alter Meister entstanden 1443-1674, ohne Verfasser, 6. Aufl., Berlin 2003.

CLEMENTS, John: Fiore dei Liberi: 15th-Century Master of Arms, in: ders. (Hg.): Masters of Medieval and Renaissance Martial Arts. Rediscovering the Western Combat Heritage, Boulder (Colorado, USA), S. 117–142.

CROSSGROVE, William C.: Petrus de Crescentiis, in: Verfasserlexikon 7, 2. Aufl., (1989), Sp. 499–501.

CURSCHMANN, Michael: Facies peccatorum – Vir bonus: Bild-Text-Formeln zwischen Hochmittelalter und früher Neuzeit, in: ders.: Wort – Bild – Text. Studien zur Medialität des Literarischen in Hochmittelalter und früher Neuzeit, Band 1, Baden-Baden 2007 (= Saecvla Spiritalia 43), S. 193–225.

DALBY, David: Lexikon of the Mediaeval German Hunt. A Lexicon of Middle High German terms (1050-1500), associated with the Chase, Hunting with Bows, Falconry, Trapping and Fowling, Berlin 1965.

DENISSENKO, Irina: Beschwörungen und Segen, in: Fasbender, Christoph (Hg.): „bescheidenheit". Deutsche Literatur des Mittelalters in Eisenach und Erfurt. Katalog zur Ausstellung der Universitäts- und Forschungsbibliothek Erfurt/Gotha in der Universitätsbibliothek Erfurt vom 22. August bis 13. Oktober 2006, Gotha 2006, S. 72f.

DEROLEZ, Albert: The palaeography of Gothic manuscript books from the twelfth to the early sixteenth century, Cambridge u.a. 2003 (= Cambridge studies in palaeography and codicology 9).

DEUTSCHE INSCHRIFTEN. Terminologie zur Schriftbeschreibung, erarb. von den Mitarbeitern der Inschriftenkommissionen der Akademien der Wissenschaften in Berlin, Düsseldorf, Göttingen, Heidelberg, Leipzig, Mainz, München und der Österreichischen Akademie der Wissenschaften in Wien, Wiesbaden 1999.

DÖRING, Brigitte und Eichler, Birgit: Sprache und Begriffsbildung in Fachtexten des 16. Jahrhunderts, Wiesbaden 1996 (= Wissensliteratur im Mittelalter, Schriften des Sonderforschungsbereichs 226 Würzburg/Eichstätt, Band 24).

DÖRNHÖFFER, Friedrich: Albrecht Dürers Fechtbuch, in: Jahrbuch der Kunsthistorischen Sammlungen des Allerhöchsten Kaiserhauses 27 (1907/09), 2, S. I–LXXXI.

EHLERT, Trude und Leng, Rainer: Frühe Koch- und Pulverrezepte aus der Nürnberger Handschrift GNM 3227a (um 1389), in: Groß, Dominik und Reininger, Monika (Hgg.): Medizin in Geschichte, Philologie und Ethnologie. Festschrift für Gundolf Keil, Würzburg 2003, S. 289–320.

EHRISMANN, Otfried: Der Weg zur Hochsprache: Mittelhochdeutsch/Frühneuhochdeutsch. Eine Einführung, Hohengehren 2007 (= Deutschunterricht Grundwissen Literatur 1).

EICHLER, Birgit: Wissenstradierung – Fremdwortgebrauch – Entlehnungsprozesse. Untersuchungen zu textsorten-spezifischen

Nominationen in Lehrschriften des frühen 16. Jahrhunderts, Diss. Erfurt 1991.

Zur Wortbildung in Fachtexten des 16. Jahrhunderts. Probleme eines Untersuchungsansatzes, in: Brunner, Horst und Wolf, Norbert Richard (Hgg.): Wissensliteratur im Mittelalter und der Frühen Neuzeit. Bedingungen, Typen, Publikum, Sprache, Wiesbaden 1993 (= Wissensliteratur im Mittelalter, Schriften des Sonderforschungsbereichs 226 Würzburg/Eichstätt, Band 13), S. 370–378.

EIS, Gerhard: Mittelalterliche Fachliteratur, 2., durchges. Aufl., Stuttgart 1967.

FOERSTER, Hans und Frenz, Thomas: Abriß der lateinischen Paläographie, 3. Aufl., Stuttgart 2004.

FORGENG, Jeffrey L. (Hg.): The Medieval Art of Swordsmanship. A Facsimile & Translation of Europe's Oldest Personal Combat Treatise, Royal Armouries MS. I.33, Union City (CA, USA) 2003.

The Art of Combat. A German Martial Arts Treatise of 1570 by Joachim Meyer, London und New York 2006.

FORGENG, Jeffrey L. und Kiermayer, Alex: ‚The Chivalric Art': German martial arts treatises of the Middle Ages and Renaissance, in: Molloy, Barry (Hg.): The cutting Edge. Studies in ancient and medieval Combat, Stroud (GB) 2007, S. 153–167.

FRÜHNEUHOCHDEUTSCHES WÖRTERBUCH, hrsg. von Goebel, Ulrich und Reichmann, Oskar, Berlin und New York (1986-) 1989ff.

GAMBER, O.: Dolch, in: Lexikon des Mittelalters III (1999), Sp. 1171.

Messer, in: Lexikon des Mittelalters VI (1999), Sp. 560f.

GÄRTNER, Kurt: Zur Interpunktion in den Ausgaben mittelhochdeutscher Texte, in: editio 2 (1998), S. 86–89.

GEHLEN, Rolf: Welt und Ordnung. Zur soziokulturellen Dimension von Raum in frühen Gesellschaften, Marburg 1995

GIESE, Martina: Graue Theorie und grünes Weidwerk? Die mittelalterliche Jagd zwischen Buchwissen und Praxis, in: Archiv für Kulturgeschichte 89, 1 (2007), S. 19–59.

GRIMM, Jacob und Grimm, Wilhelm: Deutsches Wörterbuch, 16 Bde. [in 32 Teilbänden], Leipzig 1854–1960, *http://germazope.uni-trier.de/Projects/DWB*

GUTZWILLER, Hellmut: Die Entwicklung der Schrift in der Neuzeit, in: Archiv für Diplomatik 38 (1992), S. 381–488.

HAAGE, Bernhard Dietrich: Alchemie im Mittelalter. Ideen und Bilder – von Zosimos bis Paracelsus, Zürich und Düsseldorf 1996.

HAAGE, Bernhard Dietrich und Wegner, Wolfgang: Deutsche Fachliteratur der Artes in Mittelalter und Früher Neuzeit, Berlin 2007 (= Grundlagen der Germanistik 43).

HABEL, Edwin und Gröbel, Friedrich: Mittellateinisches Glossar, unveränderter Nachdruck der 2. Auflage 1959, Paderborn u.a. 1989 (= Uni-Taschenbücher 1551).

HAGEDORN, Dierk: Peter von Danzig. Transkription und Übersetzung der Handschrift 44 A 8, Herne 2008 (= Bibliothek der Historischen Kampfkünste 2).

HANDSCHRIFTENCENSUS RHEINLAND. Erfassung mittelalterlicher Handschriften im rheinischen Landesteil von Nordrhein-Westfalen mit einem Inventar, hg. von Gattermann, Günter, bearbeitet von Finger, Heinz u.a., 3 Bde., Wiesbaden 1993, Bd. II (= Schriften der Universitäts- und Landesbibliothek Düsseldorf 18).

HELWIG, Helmuth: Die deutschen Fechtbücher. Eine bibliographische Übersicht. Börsenblatt für den deutschen Buchhandel, Frankfurter Ausgabe 55 (1966), S. 1407–1416.

HENNING, Beate: Kleines Mittelhochdeutsches Wörterbuch, 4., verb. Aufl., Tübingen 2001.

HERGSELL, Gustav: Die Fechtkunst im XV. und XVI. Jahrhunderte, Prag 1896.

HILS, Hans-Peter: Fechtbuch und Medizin, in: Würzburger medizinhistorische Mitteilungen 1 (1983), S. 53–67.

Meister Johann Liechtenauers Kunst des langen Schwertes, Frankfurt am Main 1985.

„Der da sigelos wirt, dem sleht man die hant ab". Zum Stand der hauptberuflichen Fechter nach mittelalterlichen Rechtsquellen, in: Zeitschrift der Savigny-Stiftung für Rechtsgeschichte, Germanistische Abteilung 102 (1985), S. 328–340.

Von dem herten. Reflexionen zu einem mittelalterlichen Eisenhärtungsrezept, in: Sudhoffs Archiv. Vierteljahresschrift für Geschichte der Medizin und der Naturwissenschaften, der Pharmazie und der Mathematik 69 (1985), S. 62–75.

Leckűchner, Hans, in: Verfasserlexikon 5, 2. Aufl., (1985), Sp. 641–644.

„Kempen unde er kinder... de sin alle rechtelos". Zur sozialen und rechtlichen Stellung der Fechtmeister im späten Mittelalter, in: Fichte, Joerg O. u.a. (Hgg.): Zusammenhänge, Einflüsse, Wirkungen. Kongressakten zum ersten Symposium des Mediävistenverbandes in Tübingen 1984, Berlin und New York 1986, S. 255–271.

HILS, Hans-Peter und Contamine, Philippe: Fechten, Fechtwesen, in: Lexikon des Mittelalters IV (1999), Sp. 324–328.

HOFFMANN, Walter: Rheinische Sprachgeschichte im 16. Jahrhundert, in: Macha, Jürgen, Neuss, Elmar und Peters, Robert (Hgg.): Rheinisch-Westfälische Sprachgeschichte, Köln u.a. 2000 (= Niederdeutsche Studien 46), S. 123–138.

HOLLEMANN, Arnold Frederik und Wiberg, Egon: Lehrbuch der anorganischen Chemie, 101., verb. und stark erw. Aufl., Berlin u.a. 1995.

HORCHLER, Michael: Die Alchemie in der deutschen Literatur des Mittelalters. Ein Forschungsbericht über die deutsche alchemistische Fachliteratur des ausgehenden Mittelalters, Baden-Baden 2005 (= DWV-Schriften zur Medizingeschichte, Band 2).

HÜBNER, A.: Grundsätze für die Herausgabe und Anweisung zur Druckeinrichtung der Deutschen Texte des Mittelalters. Neue Fassung, in: Neumann, Hans (Hg.): Johannes Rothe. Das Lob der Keuschheut, Berlin 1934 (= Deutsche Texte des Mittelalters 38), S. V–IX.

HUHLE, Henner und Brunck, Helma: 500 Jahre Fechtmeister in Deutschland. Ältester privilegierter Berufsstand, Frankfurt am Main 1987 (= Kleine Schriften des Historischen Museums Frankfurt am Main, Band 34).

HULL, Jeffrey: Knightly Dueling. The Fighting Arts of German Chivalry, Boulder (Colorado, USA) 2008.

The Fight Book of Hugues Wittenwiller, in: Clements, John (Hg.): Masters of Medieval and Renaissance Martial Arts. Rediscovering the Western Combat Heritage, Boulder (Colorado, USA) 2008, S. 211–222.

IRSIGLER, Franz und Lassotta, Arnold: Bettler und Gaukler, Dirnen und Henker. Außenseiter in einer mittelalterlichen Stadt. Köln 1300-1600, 10. Aufl., München 2004.

KEIL, Gundolf: „Waffenhärtungstraktat“. In: Verfasserlexikon 10, 2. Aufl., (1999), Sp. 566f.

KERN, Peter: Das Problem der Satzgrenze in mittelhochdeutschen Texten, in: Honemann, Volker und Palmer, Nigel F. (Hgg.): Deutsche Handschriften 1100-1400. Oxforder Kolloquium 1985, Tübingen 1988, S. 342–351.

KLEIN-ILBECK, Bettina und Ott, Joachim: Die Handschriften der Thüringer Universitäts- und Landesbibliothek Jena, Bd. II: Die mittelalterlichen lateinischen Handschriften der Signaturreihen außerhalb der Electoralis-Gruppe, Wiesbaden 2009.

KLUGE. Etymologisches Wörterbuch der deutschen Sprache, bearb. von Seebold, Elmar, 24., durchges. und erw. Aufl., Berlin und New York 2002.

KNIGHT, David James und Hunt, Brian: Polearms of Paulus Hector Mair, Boulder (Colorado, USA) 2008.

KOBLER, Friedrich, unter Mitarbeit von Reitzenstein, Alexander von: Fechtbuch, in: Reallexikon zur Deutschen Kunstgeschichte 7 (1981), Sp. 905–916.

KREEM, Juhan: Scetches of a Clerk. Pen-and-Ink Drawings in the margins of the Medieval Account Book of Reval (Tallinn), Krems 2006 (= Medium Aevum Quotidianum Sonderband XVIII).

A Drawing Clerk. Pen Drawings in Medieval Accounting Books in Tallinn, Tallinn 2009.

LENG, Rainer: Andreas der Jude, Jost von der Neißen und Niclas Preuß: Drei verhinderte „Verfasser" eines Fechtbuches, in: Würzburger Medizinhistorische Mitteilungen 19 (2000), S. 209–220.

Ars belli. Deutsche taktische und kriegstechnische Bilderhandschriften und Traktate im 15. und 16. Jahrhundert, 2 Bände, Wiesbaden 2002 (= Imagines medii aevi, Bd. 12/1 und 2)

Döbringer, Hanko, in: Verfasserlexikon 11, 2. Aufl., (2004), Sp. 372–375.

(Bearb.): Stoffgruppe 38. Fecht- und Ringbücher, München 2008 (= Katalog der deutschsprachigen illustrierten Handschriften des Mittelalters, Band 4/2, Lieferung 1/2).

LINDHOLM, David. Cod.HS.3227a or Hanko Döbringer fechtbuch from 1389. Translation and transcription, Malmo (Schweden) 2005, *http://www.thearma.org/Manuals/Dobringer_A5_sidebyside.pdf*

Fighting with the Quarterstaff. A Modern Study of Renaissance Technique, Highland Village (Texas, USA) 2006.

LINDNER, Kurt: Das Jagdbuch des Petrus de Crescentiis. In deutschen Übersetzungen des 14. und 15. Jahrhunderts, Berlin 1957.

LIPPE, Rudolf zur: Naturbeherrschung am Menschen, 2 Bde., 2. Aufl., Frankfurt/Main 1979.

MACHA, Jürgen: Kölner Turmbücher – Schreibsprachwandel in einer seriellen Quelle der Frühen Neuzeit. In: Zeitschrift für deutsche Philologie 110 (1991), S. 36–61.

MAKHOV, Aleksandr E.: The Devil's Naked Tongue as an Iconographical Motif, in: Medium Aevum Quotidianum 53 (2006), S. 44–73.

MAU-PIEPER, Maren: Koperte als Einband bei Gebrauchsschriftgut in Mittelalter und früher Neuzeit, Univ. Magisterarbeit Tübingen 2005.

MAZAL, Otto: Einbandkunde. Die Geschichte des Bucheinbandes, Wiesbaden 1997 (= Elemente des Buch- und Bibliothekswesens 16).

Sextern(io), in: Lexikon des gesamten Buchwesens VII, 2. Aufl., (2007), S. 69.

MEINICKE, E.: Messer, in: Reallexikon der germanischen Altertumskunde 19 (2001), S. 607f.

MENNE, Karl: Deutsche und niederländische Handschriften (= Mitteilungen aus dem Stadtarchiv von Köln, Sonderreihe: Die Handschriften des Archivs X,1), Köln 1937.

MILDE, W.: Quintern(io), in: Lexikon des gesamten Buchwesens VI, 2. Aufl., (2003), S. 151.

MINKOWSKI, Helmut: Das Ringen im Grüblein. Eine spätmittelalterliche Form des deutschen Leibringens. Vier frühe Drucke und Auszüge aus einer unedierten Fechthandschrift des 16. Jh., Stuttgart 1963 (= Beiträge zur Lehre und Forschung der Leibeserziehung, Band 16).

MÖLLER, Robert: Rheinische Sprachgeschichte von 1300-1500, in:

Macha, Jürgen, Neuss, Elmar und Peters, Robert (Hgg.): Rheinisch-Westfälische Sprachgeschichte, Köln u.a. 2000 (= Niederdeutsche Studien 46), S. 51–76.

MÜLLER, Jan-Dirk: Bild – Vers – Prosakommentar am Beispiel von Fechtbüchern. Probleme der Verschriftlichung einer schriftlosen Praxis, in: Keller, Hagen u.a. (Hgg.): Pragmatische Schriftlichkeit im Mittelalter. Erscheinungsformen und Entwicklungsstufen (Akten des Internationalen Kolloquiums 17.-19. Mai 1989), München 1992 (= Münstersche Mittelalter-Schriften, Bd. 65), S. 251–282.

Zwischen mündlicher Anweisung und schriftlicher Sicherung von Tradition. Zur Kommunikationsstruktur spätmittelalterlicher Fechtbücher, in: Kommunikation und Alltag in Spätmittelalter und Früher Neuzeit. Internationaler Kongress Krems an der Donau 9. bis 12. Oktober 1990, Wien 1992 (= Veröffentlichungen des Instituts für Realienkunde des Mittelalters und der Frühen Neuzeit, Nr. 15), S. 379–400.

Hans Lecküchners Messerfechtlehre und die Tradition. Schriftliche Anweisungen für eine praktische Disziplin, in: ders. (Hg.): Wissen für den Hof. Der spätmittelalterliche Verschriftungsprozeß am Beispiel Heidelberg im 15. Jahrhundert, München 1994 (= Münstersche Mittelalter-Schriften, Bd. 67), S. 355–384.

MÜLLER, Josef (Hg.): Rheinisches Wörterbuch, 9 Bde., Bonn und Berlin 1928–1971.

MÜLLER, Mathias F.: Albrecht Dürer und das Kunstleben am Kaiserhof Maximilians I., und ders.: Das Ring- und Fechtbuch (Kat.-Nr. 151), beide Beiträge in: Schröder, Klaus Albrecht und Sternath, Maria Luise (Hgg.): Albrecht Dürer, Wien 2003, S. 89–101 und S. 443–445.

PAUL, Hermann: Mittelhochdeutsche Grammatik, 24. Aufl., überarb. von Wiehl, Peter u. Grosse, Siegfried, Tübingen 1998.

PENSEL, Franzjosef: Die Satznegation, in: Kettmann, Gerhard und Schildt, Joachim (Hgg.): Zur Ausbildung der Norm der deutschen Literatursprache auf der syntaktischen Ebene (1470-1730). Der Einfachsatz, Berlin 1976 (= Bausteine zur Sprachgeschichte des Neuhochdeutschen 56,1. Zur Ausbildung der Norm der deutschen Literatursprache 1), S. 285–326.

PHILIPP, Gerhard: Einführung ins Frühneuhochdeutsche. Sprachgeschichte – Grammatik – Texte, Heidelberg 1980 (= Uni-Taschenbücher 822).

PLOSS, Emil Ernst u.a.: Alchimia. Ideologie und Technologie, München 1970.

PRIESNER, Claus: Johann Thölde und die Schriften des Basilius Valentinus, in: Meinel, Christoph (Hg.): Die Alchemie in der europäischen Kultur- und Wissenschaftsgeschichte, Wiesbaden 1986 (= Wolfenbütteler Forschungen 32), S. 107–118.

Basilius Valentinus und die Labortechnik um 1600, in: Berichte zur Wissenschaftsgeschichte 20 (1997), S. 159–172.

Basilius Valentinus, in: Priesner, Claus und Figala, Karin (Hgg.): Alchemie. Lexikon einer hermetischen Wissenschaft, München 1998, S. 70–75.

Chrysokoll(a), in: Priesner, Claus und Figala, Karin (Hgg.): Alchemie. Lexikon einer hermetischen Wissenschaft, München 1998, S. 100f.

Vitriol, in: Priesner, Claus und Figala, Karin (Hgg.): Alchemie. Lexikon einer hermetischen Wissenschaft, München 1998, S. 367f.

PRIESNER, Claus und Figala, Karin (Hgg.): Alchemie. Lexikon einer hermetischen Wissenschaft, München 1998.

PRINCIPE, Lawrence M.: Grünspan, in: Priesner, Claus und Figala, Karin (Hgg.): Alchemie. Lexikon einer hermetischen Wissenschaft, München 1998, S. 166f.

Salpeter, in: Priesner, Claus und Figala, Karin (Hgg.): Alchemie. Lexikon einer hermetischen Wissenschaft, München 1998, S. 318f.

RANDALL, Lilian M. C.: Images in the Margins of Gothic Manuscripts, Berkeley und Los Angeles 1966.

RAUTENBERG, Ursula (Hg.): Reclams Sachlexikon des Buches, 2., verb. Aufl., Stuttgart 2003.

REICHMANN, Oskar: Zur Edition frühneuhochdeutscher Texte. Sprachgeschichtliche Perspektiven, in: Zeitschrift für deutsche Philologie 97 (1978), S. 337–361.

REITZENSTEIN, Alexander von: Das Werk: Die Befestigungslehre – das Fechtbuch, in: Albrecht Dürer 1471-1971. Ausstellung des Germanischen Nationalmuseums Nürnberg 21. Mai bis 1. August 1971, 3. Aufl., München 1971, S. 355–363.

RÖMER, Jürgen: Geschichte der Kürzungen. Abbreviaturen in deutschsprachigen Texten des Mittelalters und der Frühen Neuzeit, 2. Aufl., Göppingen 1999 (= Göppinger Arbeiten zur Germanistik 645).

RUPPRICH, Hans (Hg.): Dürer. Schriftlicher Nachlass, Band 3: Die Lehre von menschlicher Proportion: Entwürfe zur Vermessungsart der Exempeda und zur Bewegungslehre; Reinschriftzyklen; der ästhetische Exkurs, die Unterweisung der Messung. Befestigungslehre. Verschiedenes, Berlin 1969.

SCHAETZLE, Alfred: Zur Geschichte der Jagd in der Schweiz, in: Schmid, Gottfried (Hg. der deutschsprachigen Ausgabe): Die Jagd in der Schweiz, Genf und Winterthur 1951f., S. 248–258.

SCHERRER, Gustav: Kleine Toggenburger Chroniken, St. Gallen 1874.

SCHMIDTCHEN, Volker: Kal, Paulus, in: Verfasserlexikon 4, 2. Aufl., (1983), Sp. 964–966.

SCHMIDT-KÜNSEMÜLLER, Friedrich Adolf: Kopert, in: Lexikon des gesamten Buchwesens IV, 2. Aufl., (1995), S. 308f.

SCHMITT, Wolfram: Fechtbücher (anonyme), in: Verfasserlexikon 2, 2. Aufl., (1980), Sp. 712f.

SCHNEIDER, Karin: Paläographie und Handschriftenkunde für Germanisten. Eine Einführung, Tübingen 1999 (= Sammlung kurzer Grammatiken germanischer Dialekte B, Ergänzungsreihe Nr. 8).

SCHOLLA, Agnes Bettina Hokyong: Libri sine asseribus. Zur Einbandtechnik, Form und Inhalt mitteleuropäischer Koperte des 8. bis 14. Jahrhunderts, Univ. Proefschr. Leiden 2002.

SCHUBERT, Anselm: Die Entwicklung der frühneuzeitlichen Fechtkunst in Europa, in: Mallinckrodt, Rebekka von (Hg.): Bewegtes Leben. Körpertechniken in der Frühen Neuzeit, Wolfenbüttel 2008, S. 341–351.

SEELBACH, Ulrich: Edition und Frühe Neuzeit, in: Nutt-Kofoth, Rüdiger u.a. (Hgg.): Text und Edition. Positionen und Perspektiven, Berlin 2000, S. 99–119.

SOÉNIUS, Ulrich S.: Super-GAU – ein Archiv verschwindet in einem Loch. Der Einsturz des Kölner Stadtarchivs und die Folgen, in: Archiv und Wirtschaft. Zeitschrift für das Archivwesen der Wirtschaft, Band 42, Heft 2 (2009), S. 91–94.

SOUKUP, Werner: Chemie in Österreich. Von den Anfängen bis zum Ende des 18. Jahrhunderts. Bergbau, Alchemie und frühe Chemie. Geschichte der frühen chemischen Technologie und Alchemie des ostalpinen Raumes unter Berücksichtigung von Entwicklungen in angrenzenden Regionen, Wien u.a. 2007 (= Beiträge zur Wissenschaftsgeschichte und Wissenschaftsforschung 7).

STAMMLER, Wolfgang: Allegorische Studien, in: Deutsche Vierteljahrsschrift für Literaturwissenschaft und Geistesgeschichte 17, 1 (1939), S. 1–25.

STRAUSS, Walter L.: The complete Drawings of Albrecht Dürer. Volume 3: 1510-1519, New York 1974.

The complete Drawings of Albrecht Dürer. Volume 5: Human Proportions, New York 1974.

ŠEDIVÝ, Juraj und Pátková, Hana: Vocabularium parvum scripturae latinae, Bratislava und Praha 2008.

TACENKO, Tamara N.: Zur Geschichte der deutsche [!] Kursive im 16. Jahrhundert. Bemerkungen zur Entwicklung dieser Schrift anhand von Dokumenten einer Sammlung aus St. Petersburg, in: Archiv für Diplomatik 38 (1992), S. 357–380.

TOBLER, Christian Henry: In Service of the Duke. The 15th century fighting treatise of Paulus Kal, Highland Village (Texas, USA) 2006.

VERDENHALVEN, Fritz: Alte Maße, Münzen und Gewichte aus dem deutschen Sprachgebiet, Neustadt an der Aisch 1968.

WAGNER, Paul: Inside, Outside, Left Foot, Right Foot: assumptions of Handedness in Weapons of the Staff, in: Hand, Stephan (Hg.): Spada. Anthology of Swordsmanship. In Memory of Ewart Oakeshott, Union City (CA, USA) 2002, S. 99-106.

WELLE, Rainer: „... und wisse das alle höbischeit kompt von deme ringen". Der Ringkampf als adelige Kunst im 15. und 16. Jahrhundert, Pfaffenweiler 1993 (= Forum Sozialgeschichte, Bd. 4)

WIERSCHIN, Martin: Meister Johann Liechtenauers Kunst des Fechtens, München 1965 (= Münchener Texte und Untersuchungen zur deutschen Literatur des Mittelalters, Bd. 13).

WILLIAMS-KRAPP, Werner: Die überlieferungsgeschichtliche Methode. Rückblick und Ausblick, in: Internationales Archiv für Sozialgeschichte der deutschen Literatur 25, Heft 2 (2000), S. 1–21.

WILPERT, Gero von: Sachwörterbuch der Literatur, 8., verb. und erw. Aufl., Stuttgart 2001.

WOESLER, Winfried: Die Normalisierung historischer Orthographie als wissenschaftliche Aufgabe, in: Zeitschrift für deutsche Philologie 105 (1986), Sonderheft, S. 69–83.

WONNEBERGER, Reinhard: Textkritische Apparate – linguistisch betrachtet, in: Kohrt, Manfred und Lenerz, Jürgen (Hgg.): Akten des 15. Linguistischen Kolloquiums, Bd. 1, Tübingen 1981, S. 337–348.

WREDE, Adam: Neuer Kölnischer Sprachschatz, 3. Bde., 9. Aufl., 1984.

Verzeichnis verwendeter Internetseiten

http://www.piccard-online.de (zuletzt eingesehen am 18. und 22. März 2009)

Abbildungsnachweis

S. 29: Hermann Paul , Mittelhochdeutsche Grammatik, 24. Aufl., Max Niemeyer Verlag, Tübingen 1998, S. 6.

S. 47: Historisches Archiv der Stadt Köln, Best. 7020 (W*) 150, fol. 2v.

S. 53: Bayerische Staatsbibliothek München, Cgm 1507, Fechtlehre des Paulus Kal, fol. 6r.

S. 63: Bayerische Staatsbibliothek München, Cod. Icon. 393 (1), Paul Hector Mair, De Arte Athletica, fol. 188v.